Heribert Renkin

Namenlos - kompakt

Handbuch für den "Friedhof der Namenlosen" in Wien

Heribert Renkin

Namenlos - kompakt

Handbuch für den "Friedhof der Namenlosen" in Wien

ISBN/EAN: 9783990610138

Auflage: 2

Erscheinungsjahr: 2018

Erscheinungsort: Bad Vöslau, Österreich

www.viennaacademicpress.com

VIENNA ACADEMIC PRESS

Inhaltsverzeichnis

Vorwort

Vorliegendes Handbuch soll als Informationsbroschüre über den „Friedhof der Namenlosen" dienen bzw. bei einem Besuch als Führer durch die Grabstellen verwendet werden. Die wesentlichsten Informationen über die einzelnen Grabstellen sind enthalten, darüber hinaus wurde durch Hinweise in verschiedenen Richtungen wesentliche Rahmenbedingungen des Friedhofs und deren Problematik in kompakter Form zusammengefasst.

Alle hier enthaltenen Informationen sind aus folgendem Buch entnommen:

Namenlos. Ein – auch sachlicher – Blick auf den „Friedhof der Namenlosen" in Wien

ISBN / EAN: 9783990610060

Quell- und Literaturangaben sind dort in entsprechender Form zu entnehmen.

Falls jemand aus dem Leserkreis über weitere Informationen zu der behandelten Thematik verfügt, würde mich eine Zusendung an den Verlag sehr freuen. Ich würde dann entsprechende Ergänzungen allgemein verfügbar machen.

Die zweite Auflage wurde durch die Matriken der Pfarre Kaiserebersdorf ergänzt und allgemein überarbeitet.

Heribert Renkin, im Jänner 2018

Einleitung

Der „Friedhof der Namenlosen“, Wiens kleinster Friedhof, hat besondere Ausstrahlung. Ich kenne niemanden, der sich dieser eigenartigen Stimmung entziehen kann. Das unterscheidet ihn beispielsweise auch von Soldatenfriedhöfen, die man als solches letztlich akzeptiert: Der unbekannte Soldat ist offenbar eher hinzunehmen als der namenlose Leichnam aus der Donau. Das Unbekannte des Soldaten bleibt bestehen, auch wenn man einen Soldatenfriedhof besucht; das mit ihm verbundene Schicksal ist von der Ursache her geklärt. Seltsam ist jedoch der Bezug zu den Namenlosen, denen man fast reflexartig etwas Tragisches zuordnet (nicht zu Unrecht übrigens). In ihrer Namenlosigkeit sind diese Toten wesentlich zugänglicher als die uns namentlich überlieferten „Helden“ und „historisch Bedeutenden“, denen beim unbefangenen Besucher meist nur ein steriler Name bleibt. Die Namenlosen leben durch ihre Namenlosigkeit und erzeugen eine eigentümliche Verbundenheit beim Besucher. Das ist das Besondere an diesem kleinen Friedhof, der auch seinesgleichen an anderen Orten hat (gleichartige bzw. auch -namige Friedhöfe gibt es z. B. in Berlin und auf Helgoland).

Die Lage des Friedhofes war praktisch durch entsprechende Strömung der Donau vorgegeben, die gerade an dieser Stelle die Leichen anspülte. Erst mit dem Bau des neuen Hafens Albern um 1939 wurde diese Strömungssituation verändert.

Das vorliegende Werk versteht sich als eine Begleiter für den Besuch des Friedhofes, das einen näheren Zugang zu den Toten und ihren Schicksalen geben soll. Es versucht darüber hinaus, einigen der Fragen rund um den Friedhof und seiner Bestatteten so etwas wie Formulierung und auch, soweit möglich, Antwort zu geben.

Hinter Kaiser Ebersdorf bildet die Donau eine Bucht, in der die Leichen der Selbstmörder und im Strom Verunglückten in den meisten Fällen an das Ufer gespült werden.

Phot. Völkel.

Bild aus „Das interessante Blatt" vom 31. 10. 1935

Wesentliche Informationen zum Friedhof

Die Gründung des alten Friedhofes erfolgte vermutlich 1854, andere Quellen sprechen von einem späterem Datum: 1874 wird auch genannt; doch in der Karte von 1873 am Ende dieses Kapitels ist klar ein Friedhof eingezeichnet. Der Name war anders, „Friedhof der Namenlosen“ etabliert sich allem Anschein nach erst gegen Ende des 19. Jahrhunderts. Noch davor, also vor dem Friedhof, gab es für diesen Bereich, der „Sauhaufen“ genannt wurde, offenbar schon eine Verwendung als Gräberfeld für Leichen aus der Donau.

Ab 1900 wird der jetztige, neue Friedhof in Betrieb genommen, der etwas weiter landeinwärts angelegt wurde und somit besseren Schutz vor Hochwässern bot.

Die Anzahl der Bestatteten am alten Friedhof ist unklar, 478 wird auf einer Hinweistafel beim neuen Friedhof genannt. Diese Zahl bleibt allerdings ohne nachvollziehbare Begründung. In zeitgenössischen Zeitungen wurde angesichts der Eröffnung des neuen Friedhofes teils von 1.000, einmal auch von 3.000 Gräbern berichtet; aber auch von nur 147 Bestatteten ist die Rede. Genau geklärt ist die wirkliche Zahl offenbar nicht. Jedenfalls ist die Anzahl der Bestatteten im ehemaligen Friedhofsareal deutlich höher als im neuen, in diesem Buch behandelten Friedhof.

Die Toten des alten Friedhofes verblieben jedenfalls an Ort und Stelle, sie wurden aus Kostengründen nicht exhumiert.

Im Winter 1919/1920 wurde durch Holzdiebe indirekt ein wesentlicher Eingriff in den Friedhof gemacht, praktisch alle Holzteile wurden gestohlen. Das betraf die Grabkreuze, hölzerne Grabschilder mit Inschriften und Grabnummern, Särge und auch die gesamte Totenkammer, die anfänglich gegenüber des Einganges angeordnet war. Das ursprüngliche Nummernsystem der Gräber begann - vom Eingang aus gesehen - rechts hinten. Das jetzige Nummernsystem ist jedenfalls erst danach etabliert worden (es existiert offenbar nur ein Plan aus dem Jahr 1941) und brachte deutliche Veränderungen und auch Unsicherheiten in der Rekonstruierbarkeit der Grabbelegung. Im Zuge der Wiederherstellungsmaßnahmen nach dem Holzdiebstahl entstand auch die heutige Totenkammer an der Ostseite des Friedhofes.

Der neue Friedhof der Namenlosen in Albern bei Wien: Das große neueingeweihte Kreuz und die ersten vier Gräber.

Nach einer photographischen Aufnahme.

Bild vom 12. 7. 1900

Hier ist das erste Grab bei der heutigen Nr. 16 zu sehen.

Die Kapelle entstand 1935 und wurde feierlich eingeweiht.

1940 fand die letzte Bestattung statt, dann wurde der Friedhof stillgelegt.

Bild vom 25. 10. 1935

Die Wasserleichen, so wurden sie in den Aufzeichnungen bezeichnet, wurden in der Regel von Fischern entdeckt, die sie dann meist auch zum Friedhof schafften. Dort wurden sie von dem zuständigen Arzt untersucht. Darüber wurden ab 1912 die in dem Kapitel über die Gräber zu lesenden Protokolle angefertigt. Wenn keine Spuren eines Verbrechens zu erkennen waren, wurden die Leichen üblicherweise schnellstmöglich beerdigt. Das hatte seinen Grund nicht zuletzt darin, dass die Leichen oft längere Zeit in der Donau gewesen waren und somit auch deutliche Spuren von Verwesung aufwiesen. Die - meist wenigen - Habseligkeiten der Beerdigten wurden für eventuelle spätere Identifizierung („Agnoszierungen“) in der Totenkammer aufgehoben.

Mit Leichenfunden in der Au, also außerhalb des Wassers, wurde in angepasster Weise verfahren. Vor allem in der wärmeren Jahreszeit waren umgehende Beerdigungen aus verständlichen Gründen unverzichtbar.

Karte mit dem Friedhof aus 1873

Die Leichenfunde und deren Bergung waren weder einfach noch angenehm. Die Fischer erhielten zwar eine Prämie für die Bergung, aber die Versorgung der Leichname bis hin zur Untersuchung in der Totenkammer waren an keine angenehme Witterung, Tageszeit oder Wochentag gebunden; sie mussten nach Notwendigkeit unmittelbar abgewickelt werden. Leicht nachvollziehbar ist es, dass eine schon länger in der Donau treibende Leiche bzw. ein Leichenfund in der Au schnellstmöglich untersucht und versorgt wurde: Gekühlte Lagermöglichkeiten waren in den Sommermonaten nicht verfügbar.

In diesem Sinne sind die erwähnten Protokolle zu lesen und es ist auch naheliegend, dass sie teilweise nicht bürokratisch exakt abgefasst wurden. Es ist auch eher davon auszugehen, dass zwar Exhumierungen, Identifizierungen und Überführungen vermerkt wurden (sie stellten jeweils einen eigenständigen Akt mit zwingendem Bezug zu anderen Verwaltungsstellen bzw. Außenstehenden dar), die Beerdigung selber aber nach der Untersuchung routinemäßig und schnellstmöglich durchgeführt wurde. Dabei darf man auch nicht vernachlässigen, dass Exhumierungen und Überführungen durchaus mit Kosten für die Angehörigen verbunden waren und die Bestattung nach Suizid bei der katholischen Kirche manchmal auch schwieriger waren als bei natürlicher Todesursache.

Die Matriken (hier die aus der Pfarre Kaiserebersdorf) stellten eine amtliche Sammlung der z. B. Sterbedaten dar und wurden zwar kontinuierlich, manchmal offenbar aber „schubweise im Nachhinein“ geschrieben; das Datum steigt oft nicht mit den laufenden Nummern, die pro Jahr vergeben wurde, an. Auch wurden diese Eintragungen bei Agnoszierung nicht immer ergänzt. Aus den Matriken wurden nur die Einträge entnommen, die denen eine Beerdigung am „Friedhof der Namenlosen“ angeführt wurde.

Einige Beschreibungen sind in zeitgenössischen Zeitungen zu finden; es ist eine kleine Auswahl, die die Schwierigkeiten für die Akteure am Friedhof und bei der Bergung kurz zeigen sollen:

19021101 Neues Wiener Journal, Seite 4

„Stromwanderungen. Von Alfred Deutsch-German"

Ein Fischer namens Nohel (in anderen Berichten wird er auch Noel geschrieben), der direkt an der Donau in einer Hütte wohnte, hatte zu diesem Zeitpunkt - nach eigenen Angaben - bereits 70 Tote aus dem Strom geborgen. Weitere 28 Personen wurden durch seine schnelle Hilfe gerettet (die durch *„gutes Zureden"* von ihrem Vorsatz abgebrachten nicht eingerechnet):

„Und ich lasse den Wackeren weiter erzählen: ´Früher war`s G`schäft besser, aber jetzt`n rinnt ja nix mehr.´ Aus dieser Klage ist unschwer der Vorwurf zu entnehmen, daß die Armen, die mit dem Leben abgeschlossen haben, heutzutage modernere Todesarten wählen, die für Nohel weniger gewinnbringend sind."

Sein Posten erfordere ein geübtes Auge, auch am anderen Ufer Richtung Lobau muss er Treibgut noch erkennen können. An dunklen Punkten erkennt er, was die Donau mit sich führt und macht sich gleich an die Arbeit. Der Autor führt weiter aus:

„Ich muß auch seine sonderbaren Fachausdrücke constatiren. Er fördert seine unheimliche Last am besten, wenn sie ´reif´ ist, das heißt zehn oder zwölf Tage im Wasser liegt, bringt sie schwer heim, wenn sie ´gährt´, das heißt sechs und acht Tage im Strom sich befindet, und hat die größte Plage, wenn sie ´jung´ ist, was so viel bedeutet, als daß sie erst einen oder zwei Tage im Wasser ist.".

Letztendlich ist das, was hier doch ein wenig schaurig klingt, doch eine wertvolle Tätigkeit; aber:

„Im Vertrauen gesagt: ihm ist ein Todter lieber als ein Lebender. Fassen wir die Sache kaufmännisch ins Auge, so stellt sie sich so. Ein Todter ´trägt rein drei Gulden´, bei einem Geretteten muß man auf Grobheiten gefaßt sein und auf wenig Dank. Wenn also Nohel sich der Unglücklichen annimmt, die er planlos daherkommen sieht, die mit den Wellen ringen, so ist er eigentlich ein ganz guter Kerl, der manchmal auf die Rentabilität seines Unternehmens wenig acht hat. Doch man betrügt ihn auch öfters. Kommt da ein Frauenzimmer, markirt Lustigkeit, athmet die frische Wasserluft mit vollem Behagen und bringt den Nohel so weit, daß er sich täuschen läßt. Und verschwindet doch mit einem Male lautlos in den Wellen und mukst sich nicht und läßt nichts am Ufer zurück. Da sieht er dann nur mehr die Kreise, die immer größer werden, immer größer und dann mit den Wellen wieder verschwinden, und alles ist so mäuschenstill und nur der Nohel flucht und stochert mit seinem Hakenstock am Ufer."

19071031 Deutsches Volksblatt, Seiten 1 und 2

„So entstand der sich in der Obhut der zuständigen Gemeinde Albern befindliche und von ihr erhaltene ´Friedhof der Namenlosen´. Der Grund gehört der Stadt Wien, die als Eigentümerin für seine Abtretung zu Beerdigungszwecken einen um so lieber gezahlten Pachtzins erhebt, als er der Benützerin von dem Landesfonds als eine zum Zwecke der Erhaltung geleisteter Subventionen rückvergütet wird.

Der Ursprung dieser Stätte der Trauer liegt weit, weit zurück. Keiner weiß zu sagen, wann sie entstand. In ihrer alten Form wurde sie im Jahre 1900 aufgelassen, doch muß dieser erste Friedhof der Namenlosen noch zehn Jahre in seinem jetztigen Zustande erhalten bleiben, um die sonst gesetzlich vorgeschriebene Exhumierung und Uebertragung der

Leichenreste unnötig zu machen. Er breitet sich fast unmittelbar am rechten Ufer der Donau, nur durch einen Wiesenstreifen davon getrennt, aus und beherbergt über tausend Gräber, von denen jedoch nur etwa der zehnte Teil kenntlich ist."

Unweit vom Friedhof befand sich damals das „Gasthaus zum lustigen Fischer", der Wirt, Josef Niklas, meldet angeschwemmte Leichen an die Gemeinde Albern:

„ […] welche aus ihren kärglichen Mitteln das einfache Begräbnis besorgt. In einem roh gezimmerten, schwarz gestrichenen Sarge werden die nicht agnoszierten Toten der Erde übergeben. Früher gab es Leintücher als letzte Hülle, doch überstiege dieser Posten den Etat, so daß die Leichen nunmehr nackt und bloß in die einfachen Totentruhen gelegt werden. Hier wäre der privaten Wohltätigkeit noch eine schöne Aufgabe gestellt. Ein Geschenk von jährlich wenigen Leintüchern um Gotteslohn würde genügen, den armen Enterbten des Todes das letzte Gewand zu geben."

19211101 Neues Wiener Journal, Seiten 3 und 4

„Feuilleton. Der Selbstmörderfriedhof in Albern. Von Alois Ulreich.

[…] Die Fischer beklagen sich bei dieser Gelegenheit, daß zur Bergung der Toten so gar keine Behelfe vorhanden wären. Man müßte die Toten, die hier vorübertreiben, auffischen können. Gegenwärtig geschieht es mit Netzstangen. Auch fehlt es an einer Tragbahre. Die Toten werden jetzt auf dem Schubkarren des Wirtes in den Auen nach dem kleinen Friedhof der Namenlosen gebracht. Das hat seine argen Mängel. Die Toten, die angetrieben werden, liegen meist Tage, ja Wochen im Wasser. Sie befinden sich schon im Zustande der Verwesung. Beim Transport am Schubkarren zerfallen sie, die Haare bleiben an dem Holz oft kleben und was ähnlich fürchterliche Dinge sind. Es würde eine

Truhe hergehören. [...] ´Das Auffischen der Toten ist ein unangenehmes Geschäft. Es macht dem menschenfreundlichen Fischer viele Scherereien. Daran sind die Wiener Leute schuld, die immer dann, wenn bei einem Toten keine Uhr, keine Brieftasche, kein Schmuck mehr gefunden wird, den Auffinder des Toten des Diebstahls verdächtigen. Der Fischer hat dann Laufereien, Einvernahmen bei der Gendarmerie usw., was alles nicht angenehm und mit Zeitverlust verbunden ist. Nun gehen die Schmuckgegenstände, die Brieftasche bei einer Leiche, die im Wasser liegt, häufig verloren. Sie fallen aus den Kleidern. Die Folge dieser Verdächtigungen ist, daß ein Fischer eine Leiche vorübertreiben sieht und sie nicht auffangt, sondern weiterschwimmen läßt, daß er sie, wenn sie sich in seinem Netzwerk oder im Buschwerk in seiner Nähe verhängt, durch einen leichten Stoß freimacht und dem Fluss wieder übergibt, der sie weiter treibt."

19230828 Arbeiter-Zeitung, Seite 5

„Feuilleton.

Eine Nacht bei den Donaufischern

[...] erzählt mein Gefährte so mancherlei Begebenheiten aus dem Fischerleben: von guten und schlechten Fängen, vom Wetter und den Tücken des Stromes, von allerlei Unfällen und von der Schlauheit der Fische. Auch von den Scherereien mit den Behörden, so oft sie eine Leiche aus der Donau herausholen. Das muß dann nicht nur dem Gendarmerieposten in Fischamend gemeldet werden, sondern der Fischer hat obendrein eine Vorladung von der Bezirkshauptmannschaft in Bruck an der Leitha zu gewärtigen, wo er nochmals einvernommen wird darüber, wo, wann und wie er die Leiche geborgen hat. Für die Reisekosten muß der Vorgeladene selber aufkommen und auch für versäumte

Arbeitszeit bekommt er keine Vergütung. Die Folge ist, daß die Fischer es dem Amtsschimmel überlassen, die Leichen zu bergen. [...]

Heinrich Holek"

19471113 Arbeiter-Zeitung, Seite 3

„Friedhof der Namenlosen:

Mit seinen neunzig Gräbern ist der Friedhof der Namenlosen die kleinste und wohl auch die seltsamste Begräbnisstätte Wiens. [...] Denn der Friedhof der Namenlosen liegt [...] idyllisch in einer Mulde und ist mit Bäumen, mannshohe Gräsern und Gebüschen aller Art überwuchert. [...] Im Anfang war es ein Bauer aus Albern, der die Toten, die der Strom hier anschwemmte, barg und sie auf seinem kleinen Besitz vergrub. [...] Der Friedhof macht in seinem heutigen Zustand einen durchaus verwahrlosten Eindruck. Die Gräber sind ungepflegt und von Unkraut überwuchert, die einfachen, einst schwarzen Holzkreuze vielfach verfallen, die wenigen Grabsteine sind verwittert und neigen sich bedenklich zur Seite. Die noch lesbaren Grabschriften künden, daß hier überwiegend Menschen aus den Donauländern ruhen: Bulgaren, Jugoslawen, Tschechen. An der nordwestlichen Friedhofseite liegt völlig versteckt, von Buschwerk eingesponnen, die Totenkammer. Sie hat allerdings von ihrer pietätvollen Feierlichkeit alles eingebüßt und ähnelt heute einer verwahrlosten Rumpelkammer. Zerbrochene Schaufeln, verstaubte Begräbnisutensilien, verrostete Grablaternen, alte Kreuze und Grabnummern liegen wirr umher. Auf dem Steinboden steht ein einfacher schwarzer Sarg mit Gerümpel angefüllt. Angesichts des Zweckes, den dieser Raum erfüllen soll, kein schöner Anblick.

Josef Musil"

Die Familie Fuchs

Rechts vom Eingang der kleinen Kapelle findet man eine Gedenktafel mit folgender Inschrift:

„In Gedenken an Herrn Josef Fuchs,

Inhaber des goldenen Verdienstzeichens des Landes Wien,

4. 3. 1906 - 2. 4. 1996

der über 60 Jahre bis zu seinem Tod den Friedhof der Namenlosen und die Gräber aufopfernd gepflegt und betreut hat.

Die Bezirksvorstehung Simmering“

Die Familie Fuchs betreut den kleinen Friedhof nun schon in dritter Generation und stellt somit auch einen wichtigen Wissensträger zu dem kleinen Friedhof dar.

Der erste Josef Fuchs war seit 1930 fast durchgehend mit dem Friedhof befasst, lediglich während des 2. Weltkrieges diente er als Soldat und war somit dem Friedhof fern. Nach seiner Rückkehr aus dem Krieg und der Gefangenschaft betreute er den nun schon still gelegten und weitgehend verwahrlosten Friedhof bis zu seiner Pensionierung, danach freiwillig bis zu seinem Tod am 2. April 1996.

Sein Sohn bzw. Enkel führen sein Engagement fort.

Friedhofsplan

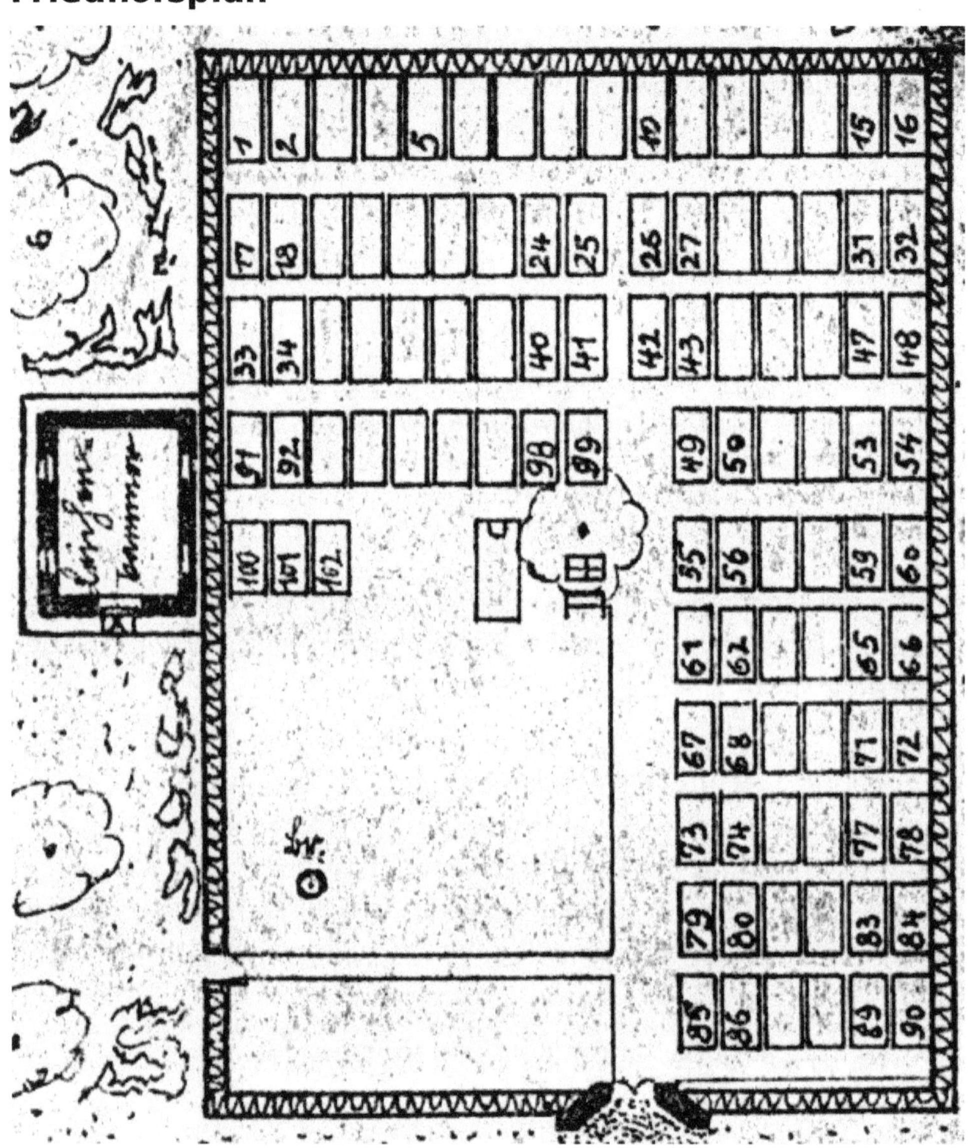

Gräberplan zum „Friedhof der Namenlosen“ von 1941

Die Gräber

Diese Daten stellen eine - mehr oder weniger - direkte Abschrift der sogenannten „Alberner Gräberprotokolle“ dar, die in der verfügbaren Form allerdings auch nur eine ungefähre Rekonstruktion des ursprünglichen Friedhofsbuches sein können[1]. Das Original ist glaubwürdigen Informationen nach bei einem Einbruch in die Friedhofskapelle im Jahre 1945 abhanden gekommen.

Die genaue Anzahl der Bestatteten ist nicht zweifelsfrei festzustellen. Sprechen manche Quellen von 103 Toten, aber nach dem Gräberbuch müssten wenigstens 110 Tote bestattet sein. Mangels einer Zahlenangabe (Grab Nr. 8) könnte - aber muss nicht - dies die korrekte Anzahl sein; zumindest hat sie so etwas wie amtlichen Charakter. Die angeführten Mehrfachbelegungen einzelner Grabstellen bleiben aber fragwürdig. Nach den vorhandenen Fotos ist es nicht so recht glaubwürdig, dass eine bereits angelegte Grabstelle übersehen wurde. Platzmangel gab es bis zum Verwendungsende des Friedhofes nicht, rund ein Viertel der Fläche ist frei geblieben.

Die nun folgende Auflistung bildet die zusammengefassten Informationen aus beiden Büchern und die tatsächliche Situation am Friedhof ab. Weiters wird – soweit möglich - jedes Grab mit den Protokollen, den Eintragungen in den Sterbematriken der Pfarre Kaiserebersdorf und Zeitungsartikeln in Verbindung gebracht. Aber die Grabnummern bergen ebenfalls ein Risiko in sich: Die in den Protokollen bis 1920 (bis zum erwähnten

1 Die Bücher sind mit Vordruck in der Währung Schilling (eingeführt ab 1925) bzw. Reichsmark (in Österreich ab 1938) versehen. Somit ist auszuschließen, dass Eintragungen vor diesem Datum (Einführung Schilling) laufend gemacht wurden. Das ist allerdings lediglich eine Problematik der Entstehung der Bücher, nicht zwingend auch eine des Inhaltes. Es sind zumindest zwei, sehr ähnliche Exemplare verfügbar, eines im Archiv der Stadt Wien und ein anderes bei Familie Fuchs.

Holzdiebstahl, betreffend die Protokolle bis Nr. 21) angegebenen Grabnummern könnten sich auch auf ein altes, anders aufgebautes Nummernsystem beziehen. Sie wurden aber für dieses Buch unverändert in der späteren Systematik abgebildet.

Wenn nicht ausdrücklich anders angeführt, wird das jeweilige Grab von einem Gusseisenkreuz markiert und es trägt – wenn angeführt - eine Metalltafel mit der Beschriftung. Eventuelle Abweichungen davon werden erwähnt.

Direkt unterhalb der Grabnummer steht jeweils das Bestattungsdatum aus den Gräberbüchern (bei unterschiedlichen Angaben in diesen werden beide Varianten angeführt). Bei dem Anschein nach nicht bekanntem Datum steht im Original jeweils ein Fragezeichen. Das wurde durch den Zusatz [ohne Datum:] ersetzt. Generell werden die Originale mit Schwerpunkt auf die Verständlichkeit der Informationen wiedergegeben.

Wie üblich sind auch in diesem Kapitel kursiv dargestellte Texte aus Quellen übernommen, Anmerkungen sind durch die eckigen Klammern als solche erkennbar. Auf Anführungszeichen wird hier bei Zitaten aus Gräberbüchern, Protokollen und Matriken verzichtet.

Die Matriken (Matrikeltyp: Sterbebuch) der röm. kath. Erzdiözese Wien, Pfarre Kaiserebersdorf, erfassen zumindest einen sehr großen Teil der am Friedhof beerdigten Toten. Sie wurden für vorliegende Arbeit jeweils mit einer laufenden Nummer (Bezeichnung Reihe bzw. Zahl, stellt die erste Spalte in den Büchern dar) versehen und beinhalten verschiedene Rubriken:

- *Reihe – Zahl* [ist fortlaufend, selten tauchen unter einer Nummer zwei Eintragungen auf, in Titel des Eintrages aufgenommen]

- *Sepeliens (Vor- und Zuname, Charakter)* [Sepeliens ist ein Ausdruck im Kirchenlatein für: Einsegungspriester, selten auch für Grab. Es ist häufig die gleiche Unterschrift wie die des Pfarrers am Ende jeden Blattes. Charakter bezieht sich auf die Funktion in der Pfarre: Pfarrer oder Kaplan.]
- *Zeit des Sterbens (Tag, Monat und Jahr)* [1. angeführte Kategorie]
- *Ort des Sterbens (Gasse u. Nummer des Hauses, in Wien auch Bezirk)* [bei 1. angeführter Kategorie mit Trennungssymbol]
- *Name des Verstorbenen (Zu- und Vorname, Charakter, Wohnort, Stand, Geburts- und Zuständigkeitsort; bei Frauen auch Name und Charakter des Ehegatten; bei Kindern und ledigen Personen auch Name und Charakter ihrer Eltern)* [2. angeführte Kategorie]
- *Geschlecht [-/-] Männlich, Weiblich* [wird in dieser Aufstellung nicht extra angeführt, da es in der Spalte davor bereits belegt ist]
- *Religion [-/-] Katholisch, Evangelisch* [wird in dieser Aufstellung nicht extra angeführt, da es bei den unbekannten Leichen stets leer bleibt bzw. mit einem Fragezeichen versehen ist]
- *Alter* [3. angeführte Kategorie]
- *Todesart [-/-] Laut Beschauzettel Nr. .... an ....* [4. angeführte Kategorie]
- *Ort und Zeit des Begräbnisses [-/-] Im .... Friedhofe am ....* [5. angeführte Kategorie]
- *Anmerkungen* [6. angeführte Kategorie]

Ein Bindestrich symbolisiert fehlenden Eintrag.

Die Eintragungen wurden handschriftlich in die vorgedruckten Seiten eingesetzt, größtenteils in Kurrent- bzw. Sütterlinschrift und sind stellenweise fast nicht zu entziffern. Oft wurden verschieden Eintragungen über einen längeren Zeitraum nachgetragen, das Datum springt in manchen Fällen bzw. ist nur ungefähr angegeben.

Ab 1939 führten diese Tätigkeit die Standesämter der jeweiligen Gemeinde aus, es gibt somit keinerlei Eintragungen in den bearbeiteten Matriken, auch nicht Überführungen auf andere Friedhöfe.

Kodierung für dieses Buch:

ZZ-Mat. JJJJ-ZZZ

[Laufende Nummer auf neuem Friedhof]-Mat. JJJJ-[Nummer im Jahr der Matriken: Reihe/Zahl aus Matriken]

Weiters wurden folgende Kurzzeichen eingeführt:

[-/-] Absatz in der Spalte des Originals

[--//--] nächste Spalte/Kategorie des Originals

Das Zeitungsarchiv ist mit folgendem Kürzel versehen:

JJJJMMTT Zeitungsname Seite X

Gräber Nr. 1 bis 16

(hinterste Grabreihe)

Grab Nr. 1 *(Letzte unbekannte Wasserleiche)*

[Ohne Datum:]	*2 unbekannte Wasserleichen*
16. August 1935:	*1 unbekannte männliche Wasserleiche*
Grab:	*Unbekannt / männlich / 16. 8. 1935*

60. Protokoll *vom 17. August 1935*

Aufgenommen vom Gemeindeamt Albern in Gegenwart von Insp. Haini J., Gem. Arzt Dr. Moritz, Wallisch Franz, Fuchs Josef, Gem. Wachmann

Unbekannte Männerleiche, gefunden am 14. August 1935 beim Gasthaus Moural durch den Fischer Lambert Rudolf. Die Leiche ist durch das Wasser fast unkenntlich (dürfte ca. 3 - 4 Monate in der Donau gelegen sein.) 160 bis 165 groß, schlechte Zähne, Schneidezähne weit abstehend, im rechten Unterkiefer 3 goldene Zähne (Brücke) im linken Unterkiefer Brücke mit 4 goldenen Zähnen. Anscheinend große Glatze, kurze graue Haare, Alter ca. 50 Jahre

Kleidung: violett gestreiftes Hemd mit weißem Leinenkragen, blau gestreifter Selbstbinder, 1 Hemdknopf (rot gestreift) weiße Gummihosenträger, grau karierte Weste, grau weiß gestreiftes Sakko, dunkel gestreifte Hosen, schwarze Schnürschuhe, große Kappen, Gummiabsätze.

Todesursache: Ertrinken (keine Spuren von

Gewaltanwendung)

Die Leiche wurde am Friedhof der Namenlosen am 16. August 1935 beerdigt, Grab Nr. 1. Albern, 17. August 1935, Josef Fuchs, Wilderiz Johann

91-Mat. 1935-030 vom 14. 8.

2-3 [vermutlich, schwer leserlich] Monate im Wasser gelegen. Aufgefunden am 14. 8. 1935. [--//--] Albern, bei Gasthaus Moural aus dem Wasser gezogen.

Unbekannte männliche Wasserleiche. (stark … .)

-

Laut Beschauzettel Nr. 30 [vermutlich, schwer leserlich] voraussichtlich Ertrinkungstod. Äußere Verletzungen mit Sicherheit nicht nachweisbar.

Namenlosen 16. August 1935

-

Grab Nr. 2

[Ohne Datum:]	*unbekannte Wasserleiche*
22. April 1939:	*Gratisleiche Josef Zeilinger, Wien XI, Kleebinderweg 5*
Grab:	*Josef Zeilinger / 22. 4. 1939*

Grab Nr. 3

[Ohne Datum:] *WL Julius Behuha*

Grabstein: *Julius Behnken / aus Hamburg /*
11. 12. 1860 / 15. 3. 1923

27. Protokoll *vom 15. April 1923*

San. Pol. Beschau:

N. N. Mann, vermutlich Julius Behnken, geb. 11. Dezember 1960 [sic] in Hamburg, Deutschland, zuständig Hamburg, XVI. Huttengasse 13.

Äußerer Befund: 170 cm lang, von mittelmäßig starkem Körperbau und hochgradiger Verwesung. Die Epidermis am ganzen Körper in Fetzen ablösbar. Kopf in starker Schwellung bis zur Unkenntlichkeit entstellt, Scrotum ebenfalls über Kindkopf groß in Schwellung. Haare blond und grau meliert ebenso der kurze Schnurrbart. Augen scheinen dunkelbraun, doch schwer wahrzunehmen, da diese bereits in Fäulnis übergegangen sind.

Zähne im Oberkiefer erhalten, im Unterkiefer fehlen einige Mahlzähne. Der linke Ringfinger kürzer, weil das Endglied desselben fehlt. An 63 Jahre, die Leiche dürfte gut 4 Wochen im Wasser gelegen sein. An der Leiche sind Verletzungen, welche auf Gewalttätigkeit schließen lassen nicht wahrzunehmen.

Bekleidung der Leiche: blau gestreiftes Hemd, weiße Unterhose, schwarzer Lodenrock mit schwarz gestreiften Futter. Einen schwarz karierten Touristenanzug mit kurzer Hose; eine schwarze Weste. Ein Paar grünlich blaue Wadenstutzen am oberen Rand grün besetzt. 1 Paar schwarze

Schnürschuhe, grau gestreifte Haushose, kleine braune Halskrawatte.

Aufgefundene Gegenstände: Taschenmesser mit einer Klinge am Hefte 2 Schlüssel hängend, kleine Holzpfeife, zwei Zwicker samt Etui, 1 Glas davon zerbrochen. Inhalt von Brieftasche 1000 K ; Ein Rezept für Nervenkranke und 1 Ambulatoriumkarte „Wagner Jauregg“ , 1 Meldezettel - Nach Angabe der XVI. Huttengasse 83 wohnhaft Anton Hermann dürfte die Leiche mit dem obgenannten ident sein.

Nach Befund Beerdigung am 17. April ca. 5 Uhr Nachmittag am Friedhof der Namenlosen.

19230421 Illustrierte Kronen-Zeitung Seite 6

„(Opfer der Donau.) [...] Am 15. d. wurde im Gemeindegebiet Albern die Leiche des 63 jährigen Heizers Julius Behnken aus Hamburg, der in der Huttengasse 83 gewohnt hat und seit 15. März vermißt war, aus der Donau gezogen.“

Grab Nr. 4

[Ohne Datum:] *unbekannte Wasserleiche*

Grab: *[keine Beschriftung]*

Grab Nr. 5

[Ohne Datum:] *unbekannte Wasserleiche*

Grab: *[keine Beschriftung]*

Grab Nr. 6

[Ohne Datum:]	*unbekannte Wasserleiche*
Grab:	*[keine Beschriftung]*

Grab Nr. 7

[Ohne Datum:]	*unbekannte Wasserleiche*
Grab:	*[keine Beschriftung]*

Grab Nr. 8

[Ohne Datum:]	*unbekannte Wasserleichen*[2]
Grab:	*Namenlos*

Grab Nr. 9

[Ohne Datum:]	*unbekannte Wasserleiche*
Grab:	*[keine Beschriftung]*

Grab Nr. 10

[Ohne Datum:]	*unbekannte Wasserleiche*
Grab:	*[keine Beschriftung]*

2 Keine Anzahl angegeben.

Grab Nr. 11

[Ohne Datum:] *unbekannte Wasserleiche*

Grab: *Namenlos*

Grab Nr. 12 *(ursprünglich wahrscheinlich Grab Nr. 5)*

[Ohne Datum:] *unbekannte Wasserleiche*

Grab: *[keine Beschriftung]*

vermutlich: **05-Mat. 1901-049** vom 5. 5.

5. Mai 1901 aufgefunden. Zwischen 3. April u. 5. Mai 1901 [--//--] Albern Donau

Unbekannte männliche Leiche[-/-]Pöpperl Josef, geb. am 5/12 1875 zu Sangerberg in Böhmen Nr. 260 ehl. Sohn des Eduard Pöpperl u. d. Elisabeth; abgängig seit 3. April 1901 aus Wien, 18. Cottagegasse 4, von Beruf Kellner

Circa 25 Jahre [durchgestrichen] 25 ½ Jahre

Laut Beschauzettel Nr. 51 Tod durch Ertrinken

Namenlosen 5. Mai 1901

Richtig gestellt auf Grund der Nota der k.k.n.ö. Statthalterei von 16/VI 1903 Z 57663; ? n. ????iat 29/6 1903 Z 5888.

Grab Nr. 13 *(ursprünglich Grab Nr. 4)*

[Ohne Datum:] *unbekannte Wasserleiche*

Grab: *[keine Beschriftung]*

04-Mat. 1900-050 vom 16. 6.

16. Juni 1900 aufgefunden. [--//--] Albern Donau

Unbekannte männliche Leiche

circa 40-45 Jahre

Laut Beschauzettel Nr. 57 Tod durch Ertrinken

Namenlosen 16. Juni 1900

-

Grab Nr. 14 *(ursprünglich Grab Nr. 3)*

[Ohne Datum:] *unbekannte Leiche*

[Ohne Datum:] *Wasserleiche Maria Beran*

Grab: *Maria Beran*

03-Mat. 1900-047 vom 10. 6.

10. Juni 1900 aufgefunden. [--//--] Albern Donau

Unbekannte weibl. Leiche

circa 20 Jahre

Laut Beschauzettel Nr. 54 Tod durch Ertrinken

Namenlosen 10 Juni 1900

-

19001102 Deutsches Volksblatt, Seite 2

„Der Gräberbesuch [...] Auf den Friedhof der Namenlosen [...]: [...] Bei Nummer 3 verweilen wir längere Zeit. Der Hügel, welcher mit Blumen und Kränzen reich geschmückt war, besitzt auch ein nettes eisernes Kreuz mit der Photographie der Unglücklichen, es ist Maria Beran, ein 19 jähriges Mädchen, welches sich, wie bekannt, im Vorjahre mit verbundenen Augen in die Donau stürzte."

Grab Nr. 15 *(ursprünglich Grab Nr. 2)*

[Ohne Datum:] *unbekannte Wasserleiche*

Grab: *[keine Beschriftung]*

02-Mat. 1900-045 vom 20. 5.

20. Mai 1900 aufgefunden. [--//--] Albern Donau

Unbekannte männliche Leiche

-

Laut Beschauzettel Nr. 52 an Tod durch Ertrinken

Im Namenlosen Friedhofe am 20. Mai 1900

-

19071026 und **19071027** Znaimer Wochenblatt, Znaimer Tagblatt, Seiten 1 und 2

„Die Anfangsnummer der Gräber am neuen Friedhofe beginnt mit Nr. 148, ein sicheres Zeichen, daß auf dem alten Friedhofe 147 Verunglückte beerdigt sind, gleich neben der Nr. 148 wird aber mit Nr. 1 eingesetzt und läuft mit 29 ab. [...] Auf dem Täfelchen des Grabes Nr. 1 fand ich mit Bleistift verzeichnet: ´Georg Gaßner, Kaiserjäger´, ohne jede weitere Bemerkung mehr."

19001102 Deutsches Volksblatt, Seite 2

„Der Gräberbesuch [...] Auf den Friedhof der Namenlosen [...]: [...] Nummer 2 ein Rauchfangkehrer, ebenfalls wie Nummer 1 namenlos. "

Grab Nr. 16 *(ursprünglich Grab Nr. 1)*

[Ohne Datum:] *unbekannte Wasserleiche*

Grab: *[keine Beschriftung]*

01-Mat. 1900-044 vom 18. 5.

18. Mai 1900 aufgefunden. [--//--] Albern, Donau

Unbekannte männliche Leiche, nach der Uniform Soldat des Kaiserregimentes.

-

Laut Beschauzettel Nr. 51 an Tod durch Ertrinken ?ien

Im neuen Friedhofe der Namenlosen am 18. Mai 1900

19000521 Neues Wiener Journal Seite 2

„Das Geheimniß des Todten.

Muthmaßlicher Raubmord an einem Soldaten. (Original-Bericht des ´Neuen Wiener Journal´.)

Vor drei Tagen wurde bei Albern die Leiche eines Soldaten angeschwemmt, die man als die des Compagnieschneiders Josef Pramel agnoscirte. Die Obduction der Leiche ergab, daß der Soldat an verschiedenen Stellen seines Körpers mit einem scharfen Instrumente beigebrachte und absolut tödliche Verletzungen erlitten hatte. Es wird somit angenommen, daß der Soldat zuerst getödtet und dann in die Donau geworfen wurde. Sämmtliche [sic] durch die eingeleitete Untersuchung an den Tag gebrachten Thatsachen bekräftigen in hohem Maße diese Vermuthung. Zum letztenmale wurde nämlich der Compagnieschneider Sonntag den 29. April im Prater gesehen.

Er zechte dort in einem Wirtshaus mit einigen Kameraden bis ½ 1 Uhr Nachts und hatte sich infolge oftmaligen ´Zutrinkens´ seitens eines jungen Civilisten stark berauscht. Schließlich entfernte er sich mit seinem noch nüchternen Zechgenossen, nachdem er zuvor in rührseliger Weise von den anderen Soldaten Abschied genommen hatte. Laut Aussage der Zeugen hatte Pramel ziemlich viel Geld bei sich, dessen Provenienz durch die gute materielle Stellung seiner Angehörigen einerseits und durch die reichlichen Nebenverdienste als Regimentsschneider andererseits ganz erklärlich ist.

Die Vermuthung erscheint also als nicht unbegründet, daß er einem Raubmorde zum Opfer gefallen war. Er dürfte von dem jungen Manne in Civilkleidung bis zum ´Donauspitz´ geführt, dort niedergestochen, beraubt und dann in den Strom geworfen worden sein. Trotz eifrigster Nachforschungen ist es nicht gelungen, den muthmaßlichen Thäter zu eruiren."

19001102 Deutsches Volksblatt, Seite 2

„*Der Gräberbesuch* [...] auf den „Friedhof der Namenlosen" [...]:

Dem Eingange gegenüber befindet sich eine aus Brettern gezimmerte Hütte – die Todtenkammer, in welcher einige Särge zur Aufnahme von eventuellen Unglücklichen aufbewahrt sind. Rechts von der Hütte zählten wir bereits sieben Grabhügel, jeder mit einer Nummer am Kopfe versehen. Nummer 1 ein Soldat – ein einfaches Kreuz, aus zwei übereinandergelegten Aesten zusammengenagelt, der ganze Schmuck – er ist namenlos, keine Verwandten, keine Freunde, Niemand kennt ihn und kommt zu ihm."

Gräber Nr. 17 - 32

(vorletzte Grabreihe)

Grab Nr. 17

[Ohne Datum:]	*Anton Eder, I. K. 4, Wasserleiche*
Grab:	*[keine Beschriftung]*

***30. Protokoll** vom 31. Mai 1924*

San. pol. Beschau: Bei Stromkilometer 10.5 wurde am 31. Mai 1924 eine männliche Leiche geborgen und überführt am Friedhof der Namenlosen.

Die Leiche entspricht jener eines ca. 28jährigen Mannes und dürfte ca. 14 Tage im Wasser gelegen haben.

Länge 170 cm, kreisförmige schwarze Haareinfassung an dem Scheitel, hohe Stirne, schwarze Augenbrauen, schwarze Augen, ein gestutzter Schnurrbart, gute Zähne.

Dunkler Rock und Weste, graue Trikot Hose, Strickhemd weiß blau, Halbleinen, Umlegekragen, violette Crawatte (Kunstseide), gedoppelte Schnürschuhe mit neuen Polmoabsätzen.

In den Taschen Urlaubsschein zum Ausbleiben ausgestellt am 16. V. 1924 auf: Anton Eder, Untusbl. Jaros, Major, Stampiglie J. R. Wien 6. Komp.

Dunkles Seidentuch, verschmiert, 2 weiße Taschentücher ohne Märke, 3 kl. Schlüssel und 2 minderwertige Taschenmesser.

Die Leiche wurde als Anton Eder des J. R. 6. Komp. Rossauerkaserne agnosziert und war seit 17. Mai 1924 abgängig.

70-Mat. 1924-025 vom 31. 5.

31. Mai 1924 gefunden. [--//--] Albern Donau

Eder Anton, lediger Reichswehrmann der Inf. Reg. 4, 6. Komp., geb. u. zust. In Wien

25 J. 1899

Laut Beschauzettel Nr. 25 Tod durch Ertrinken

Namenlosen 2. Juni 1924

Toten .... am 31/8 24 erhalten.

19240605 Neues Wiener Tagblatt Seite 11

„ (Lebensmüde.) [...] - Seit dem 17. Mai d. J. War aus der Rossauerkaserne der 28jährige Wehrmann des Infanterieregiments Nr. 4 Anton Eder vermißt. In einer Leiche, die am 31. Mai bei Mannswörth aus der Donau gezogen wurde, hat man Eder erkannt. Er war dem Trunke ergeben und hatte Schulden, die ihn drückten, das dürfte ihn in den Tod getrieben haben."*

Grab Nr. 18

[Ohne Datum:] *unbekannte Wasserleiche*

Grab: *[keine Beschriftung]*

Grab Nr. 19

[Ohne Datum:]	*unbekannte Wasserleiche*
Grab:	*[keine Beschriftung]*

Grab Nr. 20

[Ohne Datum:]	*unbekannte Wasserleiche*
Grab:	*[keine Beschriftung]*

Grab Nr. 21

[Ohne Datum:]	*unbekannte Wasserleiche*
Grab:	*[keine Beschriftung]*

Grab Nr. 22

[Ohne Datum:]	*unbekannte Wasserleiche*
Grab:	*[keine Beschriftung]*

Grab Nr. 23

16. August 1928:	*Wasserleiche Cäcilie Gettler*
Grabstein:	*Cäcilie Gettler*

***39. Protokoll** vom 16. August 1928 (als Gettler Caecilie agnosziert)*

aufgenommen vom Gem. Arzt Dr. Jung, in Anwesenheit des Herrn Bgm. Köberl, des Gend. Beamten Kling und des Ortseinwohners (als Totengräber) Molner über:

Leiche einer Frau, 1.60 m, guter Ernährungszustand, etwas pastöser Körper, breites Gesicht, großäugig, breite Nase, 45 - 50 Jahre alt, anscheinend keine Schwangerschaftsnarben. Rotblondes, dunkel nachgefärbtes Haar, Augen grau.

Oberkiefer ganz zahnlos, Unterkiefer fehlen alle Zähne bis auf die zwei äußeren Schneidezähne und linker Eckzahn. Ziemlich gepflegte Finger- und Zehennägel. Zehenballen an den Großzehenseiten beiderseits.

Die Leiche dürfte 4 - 5 Stunden im Wasser gelegen sein. Kein Zeichen von Gewaltanwendung. Aufgefischt 16. August 28 - 5 Uhr Früh, Stromkilometer 1918

Kleidung: ockergelbes Kleid von geripptem Stoff (crepe nearveanis) mit halblangen Ärmeln, schwarzem, aus Florstoff bestehendem Halsbesatz und schwarzem Stoffgürtel, weißes ungemärktes Hemd, braune, gut erhaltene Strümpfe, grau - und schwarz gestreifte Strumpfbänder mit angenähter Zierrosette.

Schwarze Spangenschuhe, die über dem Rist durch Schuhbändel zusammengehalten werden, gedoppelt, mit je 3 Mausköpfchen an den Absätzen.

Effecten: 1 dünnes, feinstgliedriges Goldkettchen um den Hals und 1 Schilling und 57 gr. in ein weißes ungemärktes Sacktuch gebunden, welches an das eine Strumpfband geknüpft worden war.

Dr. Jung

77-Mat. 1928-038 vom 15. 8.

15. August 1928 gefunden [--//--] Albern, Donau

Gettler Zäzilie geb. Potucek, Beamtensgattin IV.

Margaretenstr. 31, geb. in Vcelakov, Bz. Chrudim, C.S.R, zust. In Wien.

63 J. 24/11 64.

Laut Beschauzettel Nr. 38 Ertrinkungstod

Namenlosen 17. August 1928

Cop. 18/8 1888

19330901 Volkspost Seite 9[3]

„Auf dem sogenannten ´Friedhof der Namenlosen´ in Albern hat sich der 38 jährige Bankbeamte Otto [sic] Gettler am Grabe seiner Mutter erschossen, die vor fünf Jahren den Freitod in den Wellen der Donau gefunden hat. Gettler hat, wie aus Abschiedsbriefen hervorgeht, den Entschluß, aus dem Leben zu scheiden, wegen tiefgehenden Familiendifferenzen gefaßt. Der Unglückliche hatte den Lauf eines Trommelrevolvers in den Mund gesteckt und den Schuß abgefeuert, der sofort den Tod herbeiführte.

Die Mutter des Selbstmörders, an deren Grab er seinem Leben ein Ende machte, ist - ebenfalls wegen Familienverhältnisse - wie gesagt, vor fünf Jahren aus dem Leben geschieden. [...]“

3 Vergleiche Grab Nr. 91.

Grab Nr. 24

22. Oktober 1928: *Wasserleiche Maria Weiß, geb. 23. Jan. 1876, Wien XI, Lorystraße 39*

Grab: *[keine Beschriftung. Auffällig ist aber eine relativ kleine steinerne Grabplatte mit einem sitzenden / hängendem Vogel]*

***40. Protokoll** vom 22. Oktober 1928*

aufgenommen v. Gemeindearzt in Gegenwart des Herrn Bürgermeisters Köberl, des Gendarm Rev. Insp. Zack und des Gemeinde Totengräbers Molner über den Befund: an der am 21. October 28, ? 7 Uhr a. m. Bei km 1919 aus der Donau geborgenen Leiche einer Frau von 1.55 Höhe, mittleren Ernährungszustandes, 45 - 50 Jahre alt, vielleicht einige Stunden im Wasser gelegen.

Braunes Haar, braune Augen, mangelhaftes Gebiß, Frostbeulen an den Zehen. Kein Zeichen von Gewaltanwendung.

Sowohl an dem Körper selbst, wie an den Kleidungsstücken wurde die Frau von ihrem Schwager Mathias Weiler XI, Lorystraße 39/I/12 und dessen Gattin Anna, sowie der Tochter der Ertrunkenen Marie Graf, ebendort wohnhaft, agnosciert als (22. Januar 28 [sic]) Weiß Maria 23. Januar 1876 in Ragendorf, Bez. Zatry Straß-Somerein, Ungarn, evangelisch, verwitwet, zuletzt: XI. Lorystraße 39/I/12.

Beerdigt h. o. 22. November [sic] 28,

Dr. Jung

Grab Nr. 25

3. Juni 1929: *Wasserleiche Elisabeth Führer, Wien XIX, Eisenbahnstraße 55*

Grab: *Elisabeth Führer / gest. 3. 6. 1929*

41. Protokoll *vom 2. Juni 29*

Gegenwärtig: Hr. Kaumel ?, Hr. Proidl, Hr. Molner, Dr. Jung

Weibliche Wasserleiche, geborgen 1. Juni 29; 16 Uhr bei Str. km 1918.

Befund: Weiblich, etwa 50 Jahre, 1.55; mittlerer Ernährungszustand, Haar nicht gestutzt, schwarz, etwas meliert. Augen braun. Zähne: Oberkiefer zahnlos; Unterkiefer einige schlechte vordere Zähne. Linker Unterarm: am Beginn der Elle einige rote, wie scrophulöse Narben. Rechter Unterarm: Streckseite, nahe dem Handgelenk und auf Handrücken einige 10 gr. große blaue Flecken, die Eindruck von Feuermal machen oder auch Blutung durch Schlag mit stumpfem Gegenstand. Rechter Handrücken: in Gegend des IV. Metacarpusknochens eine narbige (scrophul) Einziehg. und in Umgebung davon veraltete Haut-Brandnarben (nicht seitlich). Rechtes Bein: in der Muskulatur etwas schwächer als links, vielleicht etwas kürzer als links. Rechte große Zehe starke Frostbeulenstellung, linke große Zehe etwas weniger.

Keine Zeichen von Gewaltanwendung, dürfte 3 - 4 Stunden im Wasser gelegen sein.

Kleidung: sehr ärmlich. Weißes Hemd ohne Marke, vielfach geflickter aus verschiedenen ungleichartigen Flecken zusammen geflickter Unterrock. Ein zweiter Unterrock: längs gestreift, blaugrau, ein Oberrock: bläulich mit weißen Tupfen, eine Bluse: ockergelb mit schmalen schwarzen Streifen, ein Wollsweater, grau, an der Vorderseite mit einigen schwarzen Streifen, schwarze Baumwollstrümpfe, mit gewöhnlichen, nicht Gummistrumpfbändern, keine Schuhe.

Kein Geld oder Wertsachen

Nicht agnosciert; begraben 3. Juni 29 Dr. Jung

Agnosziert am 7. Juni 1929: als Elisabeth Führer, XIX., Eisenbahnstraße 55/12, durch ihren bei ihr wohnenden Schwiegersohn Heilinger Alfred, dort selbst wohnhaft Nr. 25.

78-Mat. 1929-035 vom 1. 6.

1. Juni 1929 gefunden [--//--] Albern Donau

Führer Elisabeth, verw. Private XIX. Eisenbahnstr. 56 geb. ? Zust. ?

72 oder 62 J. - 57 od. 67.

Laut Beschauzettel Nr. 35 Ertrinkungstod Selbstmord.

Namenlosen 3. Juni 1929

Abgängig seit 30. 5. 29.

19290607 Illustrierte Kronen-Zeitung Seite 11

„(Eine Frauenleiche in der Donau.) Bei Albern wurde am 1. Juni die Leiche einer etwa 50 jährigen Frau aus der Donau gezogen. Sie hatte zahnloses Oberkiefer, im Unterkiefer schadhaftes Gebiß, an den Handrücken braune Flecke und hatte das eine Bein etwas kürzer. Die Leiche hatte schwarzes Haar und war bekleidet mit grauer gestrickter Jacke mit schwarzen Streifen, lichtbrauner Bluse mit schmäleren

schwarzen Streifen und breitem schwarzen Besatz, blau-weiß gedrucktem Rock aus Waschstoff, blau weiß gestreiftem Unterrock, Miederleibchen, weißes Hemd, schwarzen Strümpfen und Strumpfbändern und trug keine Schuhe. Nach dem Typus vermutet man, daß sie eine Ungarin oder Rumänin war, die möglicherweise von einem Schleppschiff in das Wasser gefallen ist."

19290613 Illustrierte Kronen-Zeitung Seite 10

„(Durch die ´Kronen-Zeitung´ agnosziert.) Am 7. d. berichteten wir über die Auffindung einer bei Albern von der Doanu angeschwemmten Frauenleiche und veröffentlichten eine genaue Beschreibung des Aussehens und der Kleider der Toten. Auf Grund unserer Notiz konnte nun die Tote agnosziert werden. Sie ist die 72 jährige Private Elisabeth Führer, die seit dem 1. d. von ihren Verwandten aus der Wohnung, Eisenbahnstraße 55, vermißt wird. Im vorigen Jahre erlitt sie einen Schlaganfall, der eine Geistesstörung zur Folge hatte. Schon einmal versuchte die Frau, sich vom Donausteg in den Strom zu stürzen. Am 31. Mai verschwand sie aus der Wohnung und die Angehörigen befürchten, daß ihr diesmal der Sprung in den Donaukanal gelungen sein könnte. Als sie nun in der ´Kronen-Zeitung´ von der Auffindung der Frauenleiche lasen, fanden sie ihre schlimmen Befürchtungen erfüllt. Der Auto-Mitfahrer Johann Buchner fuhr mit dem Schwiegersohn der Toten nach Albern und agnoszierte hier nach den Kleidern die verunglückte alte Frau, die schon beerdigt worden war."

Grab Nr. 26

[Ohne Datum:] *unbekannte Wasserleiche*

Grab: *[keine Beschriftung]*

Grab Nr. 27

[Ohne Datum:] *unbekannte Wasserleiche*

Grab: *[keine Beschriftung]*

Grab Nr. 28

[Ohne Datum:] *unbekannte Wasserleiche*

Grab: *[keine Beschriftung]*

Grab Nr. 29

[Ohne Datum:] *unbekannte Wasserleiche*

Grab: *[keine Beschriftung]*

Grab Nr. 30

[Ohne Datum:] *unbekannte Wasserleiche*

Grab: *[keine Beschriftung]*

Grab Nr. 31

[Ohne Datum:] *unbekannte Wasserleiche*

Grab: *[keine Beschriftung]*

Grab Nr. 32

[Ohne Datum:]	*unbekannte Wasserleiche*
Grab:	*[keine Beschriftung]*

Gräber Nr. 33 - 48

(drittletzte Grabreihe)

Grab Nr. 33

[Ohne Datum:]	*unbekannte Wasserleiche*[4]
10. August 1929:	*Wasserleiche Franz Trojan, Schneidermeister*
Grab:	*Trojan / gest. 10. 8. 1929*

42. Protokoll *vom 10. August 1929*

Befund vom 10. August 1929, aufgenommen an diesem Tage, n. m. 4 Uhr in Gegenwart des Totengräbers Brandstetter und des Johann Mollner, beide von Albern.

Leiche eines Mannes von 1.70 Größe, gut genährt, zirka 40 - 45 Jahre alt, brünett, beginnende Glatze, glatt rasiert, Augen braun, 1 goldener Schneidezahn im Oberkiefer, im Unterkiefer mangelhaftes Gebiß auf der linken Seite.

Besonderes Merkmal: der Mann dürfte wegen Versteifung des rechten Kniegelenkes gehinkt haben. Das rechte Bein insbesondere der rechte Oberschenkel auffällig schwächer als links. Kein sichtbares Zeichen von fremder Gewalteinwirkung.

Bekleidung: Grauer Anzug, klein kariert, mit sehr großem Carreani von feinen braunen Streifen. Weiße kurze Unterhose mit Knöpfen und Marke T F (aufgenäht). Weißes blau cariertes Hemd, weißer Leinwandkragen, braune Socken mit Sockenhaltern. Schwarze, gedoppelte, im Oberleder gestoppte

4 Wird im Gräberbuch der Familie Fuchs nicht angeführt.

Schnürschuhe mit Gummiabsätzen.

1 goldener Ehering (ohne bes. Gravierung)

Die Leiche wurde 10. August 1929 - ? 5 Uhr früh im hiesigen Gemeindegebiet „am Sporn" aus der Donau geborgen, nachdem sie etwa 3 - 4 Tage im Wasser gelegen sein dürfte.

Heute beschaut und wegen fortgeschrittener Verwesung heute abends im Namenlosen Friedhof begraben.

Nach erfolgtem Begräbnis nach den Kleidern agnosciert als Schneidermeister Franz Trojan

Nr. 33

Dr. Jung, Gem. Arzt und Totenbeschauer

79-Mat. 1929-034 vom 5. 8.

5. August 1929 wahrscheinlich [--//--] Albern Donau gefunden

Trojan Franz, verh. Schneidermeister, VII. Mariahilferstr. 118, geb. zu Nemetic, Bz. Strakonie, CSR. zust. In Wien

42 J. 16./8 86

Laut Beschauzettel Nr. 34 Ertrinkungstod Selbstmord wahrsch. in geist. Störung

Namenlosen 10. August 1929

Cop. 24. 11. 1912. gr

Grab Nr. 34

3. Dezember 1929:	*Josef Maywald, Briefträger, Tod durch erhängen*
Grab:	*Josef Maywald*
	geb. am 12. 3. 1889
	gest. am 20. 9. 1929

43. Protokoll

Befund vom 3. December 29 [am linken Blattrand:] Ladner

Unbekannte Leiche eines etwa 25 - 30jährigen Mannes.

Maywald Josef Briefträger aus Wien; erhängt; Nr. 34

80-Mat. 1929-039 vom 20. 9.

20. September 1929 tot gefunden [--//--] Albern Au

Maywald Josef, verh. Briefträger, Postadjunkt geb. u. Zust. In Wien, Pfr. Gersthof. Wohnung: XI. Kaiser Ebersdorferstr. 290

40 J. 12/3 89.

Laut Beschauzettel Nr. 39 Selbstmord durch Erhängen.

Namenlosen 21. September 1929

Cop. 31. 3. 18

Grab Nr. 35

?. Dezember 1929: *Wasserleiche Josef Ladner*[5]

Grab: *Namenlos*

81-Mat. 1929-047 vom 3. 12.

3. Dezember 1929 aufgefunden [--//--] Albern Donau

Unbekannte männliche Leiche Agnosziert als:[-/-]Ladner Josef, lediger Hilfsarbeiter in Simonsfeld 39, geb. u. Zust. In Simonsfeld, Bz. Korneuburg

25 bis 30 Jahre [durchgestrichen) 16 J geb. 13/3 1913

Laut Beschauzettel Nr. 47 Selbstmord durch Ertränken

Namenlosen 4. Dezember 1929

Dürfte circa 3 Wochen im Wasser gewesen sein. Agnoszierungsbefund d. Gem. Arztes von Mannswörth.

Grab Nr. 36[6]

[Ohne Datum:] *unbekannte Wasserleiche*

Grab: *[keine Beschriftung]*

44. Protokoll

Befund vom 12. Jänner 30 [am linken Blattrand:] Mann mit Klumphand

12. Januar 1930 *Unbekannt gebliebene Leiche eines etwa 50*

5 Siehe 43. Protokoll bei Grab Nr. 34. Nur der Name Ladner ist dort in der ersten Zeile erwähnt.

6 Die Zuordnung von Protokoll und Matrikeneintragung ist wahrscheinlich.

jährigen Mannes.

160 cm lang, gut genährt, braune Augen, graumeliertes, langes Haar, ebensolcher langer Schnurr- und Kinnbart, Oberkiefer zahnlos, Unterkiefer schlecht gepflegte Zähne. Am rechten Oberschenkel ober dem Knie eine veraltete Narbe wie nach Brandwunde. Klumphand links.

Bekleidung: brauner Lodenanzug, blaue Unterhose, weiß blau gestreiftes Hemd, braune Socken, schwarze Schnürschuhe.

Gegenstände: 1 Schachtel „Filmzigaretten", 1 Messer, 1 Löffel, 1 Kamm, 1 Fläschchen, 50 Groschen.

12. Januar 30 gegen 10:30 v. m. bei Str. km. 1918 vom Fischer Karl Leibhart aus der Donau geborgen. Kein Zeichen von Gewaltanwendung zu konstatieren.

Nicht agnosciert, begraben: 12. Januar 30 n. m. im Friedhof der Namenlosen. Dr. Jung

82-Mat. 1930-002 vom 12. 1.

12. Jänner 1930 gefunden [--//--] Albern, Donau.

Unbekannte männliche Leiche

? circa 50j.

Laut Beschauzettel Nr. 2 Ertrinkungstod

Namenlosen 12. Jänner 1930

-

Grab Nr. 37

8. Juni 1930:	*Wasserleiche Rosa Mayewsky, 18 Jahre, wohnhaft Wien II, Novaragasse 4, Hausgehilfin*
Grab:	*Rosa Majewsky*
	1912 - 1930

47. Protokoll

Befund vom 7. Juli 1930 (corr: sieben Juli) Dr. Jung

Wasserleiche einer 20 - 22 jährigen weiblichen Person, aufgefunden 7. Juli 1930 gegen 8 Uhr v. m. ca. 300 m unterhalb der Donaukanalmündung.

Weibliche Leiche einer 20 - 22 jährig. Person, 165 cm, gut genährt, dunkelbraunes Haar, Bubikopf, graublaue Augen, Gebiß: Oberkiefer, die kleinen Schneidezähne abgebrochen, Unterkiefer, die 6 vorderen Zähne ohne Fehler, rechts und links vorne schadhafte Backenzähne.

Kein Merkmal von Gewaltanwendung. Vielleicht nur einige Stunden im Wasser.

Bekleidung: rot blau kariertes Kleid, Hemdhose mit roten Gummiachselspangen, Trikothemd, lila Busenhalter und ebensolche Hüftenformer (Art Leibbinde), lichtgraue Strümpfe, graue Modeschuhe mit Spangen und hohen Absätzen.

Effecten: 2 silberne Ohrgehänge mit Herz, in welches je 1 stecknadelgroßer blauer Stein eingesetzt ist, ein goldenes Kettenarmband mit goldenen Anhänger, einen Hops Sarsteller

Nachdem die oben beschriebene Leiche am 8. Juli 1930 abends im Friedhof d. N. begraben worden war, wurde sie am 23. Juli 1930 von Anton Majewski, Metallschleifer, Wien XVI. Liebhartsthalgasse Nr. 2/II/15 an den Kleidern, Effecten und mit Zuhilfenahme einer Photographie als dessen Tochter: Rosa Majewski, 18 Jahre, Hausgehilfin, zuletzt Wien II. Novaragasse 4 agnosziert.

Nr. 37 *Dr. Jung*

84-Mat. 1930-016 vom 6. 7.

6. Juli 1930 gefunden [--//--] Albern Donau

Majewski Rosa, ledige Hausgehilfin, geb. und zust. In Wien. Letzte Wohnung: XVI. Liebhartstalgasse 2

18 J. 6/1 12

Laut Beschauzettel Nr. 16 Ertrinkungstod (Selbstmord)

Namenlosen 8. Juli 1930

am 23. 7. vom Vater agnosziert.

19300725 Arbeiter-Zeitung Seite 5

„Selbstmord. Wie berichtet, war seit dem 6. d. die Haushaltsgehilfin Rosa Majewsky aus dem Hause Novaragasse Nr. 44 vermißt. Nun wurde eine Leiche, die schon am 7. d. bei Albern aus der Donau gezogen worden ist, als die der Vermißten erkannt. Sie hat zweifellos Selbstmord begangen."

Grab Nr. 38

7. Juni 1932:	*Johann Novosel aus dem Burgenland, Fahrradunglück*
Grab:	*Johann Novosel*
	gest. 7. 6. 1932
	Fahrradun?

52. Protokoll *7. Juni 1932*

Novosel Johann aus dem Burgenland

verunglückte mit dem Fahrrad, beerdigt am Friedhof der Namenlosen Nr. 38

87-Mat. 1932-020 vom 5. 6.

5. Juni 1932 [--//--] Albern Au

Nowosel Johann, lediger Arbeiter in Maria Lanzendorf, Wienerstr. 23, geb. u. Zust. In Neuberg, Bz. Güssing, Burgenland

35 J. Geb. 20/5 97

Laut Beschauzettel Nr. 20 an inneren Verletzungen; durch Sturz verunglückt

Namenlosen 7. Juni 1932

Freund [schwer leserlich]

19320618 Triestingtaler und Piestingtaler Wochenblatt Seite 2, Lokalnachrichten

„Berndorf. (Tödlicher Unfall.) Am 5. VI. ist in Albern bei Maria-Lanzendorf der Arbeiter Johann Novosel mit seinem Fahrrad so unglücklich gestürzt, daß er sich das Genick brach. Der Leichnam wurde in die Totenkammer nach Mannswörth gebracht und dort beerdigt. Novosel hatte früher mit seinen Angehörigen in Berndorf gewohnt und es ergeht an dieselben die Aufforderung, sich zwecks Übernahme der Effekten des Verstorbenen an das Gendarmeriepostenkommando Maria-Lanzendorf zu wenden."

19320619 Niederösterreichischer Grenzbote Seite 4, Aus Nah und Fern

„Mannswörth. (Unfall.) Der 35 jährige Hilfsarbeiter Johann Novosel aus Maria-Lanzendorf fuhr am 5. Juni gegen ½ 10 Uhr nachts mit seinem unbeleuchteten Fahrrade auf dem Donauuferschutzdamme in Albern an einen Barrierestock an und zog sich durch den Sturz derart schwere innere Verletzungen zu, daß er an Ort und Stelle verschied."

Grab Nr. 39

16. September 1930: Wasserleiche Josefa Nowak, geb. 10. Februar 1860, Albern Nr. 1

Grab: *Josefa Nowak*

10. 2. 1860 – 26. 9. 1930

49. Protokoll *vom 24. September 1930*

Am 24. September 1930, gegen 16 Uhr, bei Stromkilometer 1919, nächst Gastaus Moural ? wurde eine ca. 1. Stunde im Wasser befindliche fem. Wasserleiche geborgen und von der in Albern wohnhaften Pensionistengattin Rosa Weinender mit Sicherheit als ihre, am 10. Februar 1860 geb., Mutter Josefa Nowak, Albern Nr. 1 agnosciert.

Letztere hatte bereits am 30. Mai 1930 einen Selbstmordversuch unternommen (Halsverletzung durch Küchenmesser, Spitalsbehandlung), war in letzter Zeit kränklich und lebensüberdrüssig. Gewaltanwendung bzw. Spuren nach dieser wurden nicht gefunden.

Bergung der Wasserleiche durch Ferdinand Dietz, Wien III. Erdbergerlände 36. Von ihm auf den Friedhof der Namenlosen gebracht, dortselbst nun überprüft Tag (26. September) begraben worden. Nr.39. Befund am 24. September durch Dr. Anton Moritz, Gemeindearzt Mannswörth – Albern.

86-Mat. 1930-021 vom 24. 9.

24. September 1930 gefunden [--//--] Albern, Donau

Nowak Josefa, geb. verwitw. Private in Albern 1, geb. in zust. In Albern

70 J. 10/2 60

Laut Beschauzettel Nr. 21 Ertrinkungstod Selbstmord

Namenlosen 26. September 1930

[Bei Todesursache, Begräbnis und Anmerkung sind gestrichene Eintragungen der nächsten laufenden Zahl von mir nicht übernommen.]

19300608 Niederösterreichischer Grenzbote Seite 7

„Mannswörth. (Selbstmordversuch einer Siebzigjährigen.) Am 30. Mai hat sich die 70-jährige Hilfsarbeiterin Josefa Nowak in ihrem Wohnhause in Albern nach einem Streite mit einer Hauspartei mit einem 25 cm langen Küchenmesser den Hals zu durchschneiden versucht und sich eine schwere Verletzung mit Durchtrennung der Luftröhre beigebracht. Sie wurde in die Krankenanstalt Rudolfsstiftung überführt."

19301012 Niederösterreichischer Grenzbote Seite 4

„Mannswörth. (Leichenfund.) Am 24. September gegen 4 Uhr nachm. wurde die 70 jährige Pfründnerin Josefa Nowak aus Albern nächst dem Friedhofe der Namenlosen in Albern als Leiche aus der Donau geborgen. Nach den gepflogenen Erhebungen dürfte es sich um einen Selbstmord wegen eines unheilbaren Leidens handeln."

Grab Nr. 40

1. September 1930: *Wasserleiche Rudolf Gutmann, Mechaniker, verh., Wien V, Franzensgasse 15,*

geb. 17. April 1894

Grab: *Rudolf Gutmann*

Geboren: 17. 4. 1894

Ertrunken: 30. 8. 1930

48. Protokoll

Befund vom 30. August 1930

Männliche Leiche, am 30. August 1930 gegen 14 Uhr aus der Donau nahe dem Gasthause beim Friedhof der Namenlosen geborgen.

Von der Gattin sicher agnosziert als: Gutmann Rudolf aus Wien V., Franzensgasse 15, Mechaniker, verh., K. geb. 17. April 1894 in Wien (der Tote hatte auch eine auf diesen Namen lautende Legitimation bei sich). Selbstmord zweifellos (Vielleicht 2 - 3 Tage vor Auffindung).

Nach Agnoscierung am 1. September 1930 im Friedhof der Namenlosen begraben Nr. 40., Dr. Jung

85-Mat. 1930-020 vom 30. 8.

30. August 1930 tot gefunden. [--//--] Albern Donau

Gutmann Rudolf, verehl. Mechaniker V. Franzensgasse 15 geb. u. Zust. Wien

36 J. 17/4 94

Laut Beschauzettel Nr. 20 Ertrinkungstod Selbstmord

Namenlosen 1. September 1930

gratis

19300901 Arbeiter-Zeitung, Seite 2

„Selbstmord eines Wieners.

Am 30. August wurde beim Friedhof der Namenlosen in Albern die Leiche eines Mannes aus der Donau geborgen, die etwa drei Tage im Wasser gelegen sein dürfte. Der Tote wurde einwandfrei als der aus seiner Wohnung verschwundene Rudolf Gutmann, Franzensgasse Nr. 15, erkannt, der aus Lebensüberdruß Selbstmord begangen hat."

Grab Nr. 41

10. März 1930:	*Stefan Molner (Molnar), H. A., Wien V, Leitweggasse 5/3, geb. 2. Dezember 1897, gest. 9. März 1930*
Grab:	*Stefan Molner* ** 21. XII. 1879* *+ 9. III. 1930* *RUHE SANFT*

45. Protokoll

Befund vom 10. März 1930

Mollner Stefan, geb. und zuständig: Albern, 2. Dezember 1897 H. A. - bei den „Hammerwerken", zuletzt wohnhaft gewesen: Wien V., Leitgebgasse 3.

Am 9. März 30 gegen 4 Uhr n. m. in der Au nächst dem Rettungshaus am Schutzdamm erhängt aufgefunden. Nach dem Befund an der Leiche selbst, aus der Situation derselben, sowie aus den bei ihr aufgefundenen Aufzeichnungen liegt zweifellos Selbstmord vor (wahrscheinlich am 9. März v. m.)

Anzeige an Bezirksgericht Schwechat gemacht. Nr. 41 Dr. Jung

83-Mat. 1930-004 vom 9. 3.

9. März 1930 gefunden [--//--] Albern, Au

Molner Stefan, verwitw. Kutscher Wien, V. Leitgebgasse 3, geb. u. Zust. In Albern

32 J. Geb. 22/12 97.

Laut Beschauzettel Nr. 4 Selbstmord durch Erhängen.

Namenlosen 13. März 1930.

-

Grab Nr. 42

[Ohne Datum:]	*Wasserleiche Josef Soucek*
Grab:	*Namenlos*

Grab Nr. 43

[Ohne Datum:] *unbekannte Wasserleiche*

Grab: *[keine Beschriftung]*

Grab Nr. 44

[Ohne Datum:] *Wasserleiche Johann Kochinger*[7]

Grab: *Johann Kochinger*

Ruhe sanft

13-Mat. 1902-080 vom 23. 8.

23. August 1902 aufgefunden. [--//--] Albern Donau

Männliche Leiche agnosciert als Kochinger Johann, lediger Bureaudiener, III. Rüdeng. 4 wohnhaft, geb. zu Baden N.Ö. zuständig nach Stotzing, ??? Ödenburg, Ungarn

20 Jahre geb. 19/XI 1881.

Laut Beschauzettel Nr. 87 Tod durch Ertrinken

Namenlosen 24. August 1902

-

Grab Nr. 45

[Ohne Datum:] *unbekannte Wasserleiche*

Grab: *Namenlos*

---

7 Zusätzlich im Gräberbuch aus dem Archiv der Famile Fuchs: *„Todtenschein Z 286 Pfarre Kaiser Ebersdorf, geb. 19. November 1881, beerdigt am 24. August 1902, ledig"*

Grab Nr. 46

[Ohne Datum:]	*unbekannte Wasserleiche*
Grab:	*[keine Beschriftung]*

Grab Nr. 47

[Ohne Datum:]	*unbekannte Wasserleiche*
Grab:	*[keine Beschriftung]*

Grab Nr. 48

[Ohne Datum:]	*unbekannte Wasserleiche*
Grab:	*[keine Beschriftung]*

Gräber Nr. 49 - 90

(Bereich rechts des Weges bis Gedenkkreuz)

Grab Nr. 49

[Ohne Datum:]	*Wasserleiche Edmund Pollak*
Grabstein:	*Hier ruht Edmund Pollak gestorben 14. Februar 1904 im 31. Lebensjahr. Ehre seinem Andenken. In treuer Erinnerung gewidmet von seinen Verwandten und Kollegen*

19-Mat. 1904-025 vom 29. 3.

29. März 1904 aufgefunden [--//--] Albern Donau

Unbekannte männliche Leiche

circa 30 J.

Laut Beschauzettel Nr. 30 Tod durch Ertrinken

Namenlosen 29. März 1904

dürfte 4 Wochen im Wasser gelegen sein.

19040407 Neues Wiener Journal Seite 5 und 6

„(Agnoscirt.) [...] Am 29. v. M. wurde bei Albern die Leiche eines Mannes angeschwemmt, welche als die des 32 jährigen Commis Edmund Pollak, IX, Hörlgasse 4, wohnhaft, agnoscirt wurde."

Grab Nr. 50

[Ohne Datum:] *Wasserleiche Jarostary Chudy*

Grab: *[keine Beschriftung]*

20-Mat. 1904-047 vom 20. 5.

20. Mai 1904 gefunden. [--//--] Albern Donau

Unbekannte männliche Leiche

circa 25 J.

Laut Beschauzettel Nr. 53 Tod durch Ertrinken

Namenlosen 20. Mai 1904

Dürfte 14 T. Im Wasser gelegen sein. Dürfte identisch sein mit ??? d??h?r im Trainzeugsdepot Jaroslav Cudy [oder Ludy]

Grab Nr. 51

[Ohne Datum:] *unbekannte Wasserleiche, (Wäschemarke „AW", 11. 6. 1913, laut Totenbuch des Friedhof der Namenlosen, dürfte 2 bis 3 Tage im Wasser gelegen sein)*

Grab: *[keine Beschriftung]*

5. Protokoll

aufgenommen über die sanitätspolizeiliche Beschau einer bei Stromkilometer 11 der Donau auf Albener Gemeindegebiet geborgenen Wasserleiche.

Äußerer Befund: 158 cm lange, mittelkräftige weibliche Leiche. Ungefähres bürgerliches Alter: 18 bis 20 Jahre alt. Langes, dichtes braunes Kopfhaar, das nur durch eine dunkle Beinhaarspange zusammengehalten ist. Stirne und Nase proportioniert. Augen braun. Im Oberkiefer fehlen die vier Schneidezähne, sonst alle Zähne schön und fehlerfrei. Am übrigen Körper nichts Besonderes. Schamhaare noch zart und weich. Keine Schwangerschaftsnarben. Die Haut (Epidermis) von Händen und Füßen relativ zart. Keine Zeichen einer Gewalteinwirkung. Im Gesichte Kontusionen in travitam, wie sie vermutlich beim Absturz zugezogen wurden.

(Kleider und Effekten an die Polizeidirektion eingesendet).

Diagnose: Tod durch Ertrinken.

Zeit: die Leiche dürfte 2 - 3 Tage im Wasser gelegen sein.

Kleider und Wäsche: Blaues Tuchkostüm, mit großen Beinknöpfen geputzt. Schwarze Halbschuhe aus Boxleder mit Schnallen und Lackkapperln. Helle Zephyrbluse, ziemlich stark ausgeschnitten, mit Spitzeneinsatz: weißer Grund mit blauen Längsstreifen. Ein Miederleibchen aus weißem Battist mit Einsätzen. Ein Spitzenplastron, rückwärts mit einer Aluminiumnadel (auf der 2 kleine grüne Steine sind) bes. Ein Chiffonhemd, auf den Achseln zum Knöpfen, mit reichen Spitzenbesatz und der Märke „A W." Ein weißes Beinkleid mit Zugband und kleinen Spitzenansatz und der Märke „A W." Schwarze Kniestrümpfe ohne Märke. Rote Strumpfbänder.

Wertsachen, Effekten: Am rechten Arm ein Lederarmband mit kleiner Metalluhr

Die Leiche dürfte der besseren dienenden Klasse angehört haben.

Albern, am 11. Juni 1913, Dr. Rich. Böhm m/b, Grab Nr. 51

51-Mat. 1913-058 vom 11. 6.

11. Juni 1913 gefunden. [--//--] Albern Donau Strom Kil. XI.

Unbekannte weibliche Leiche

18 bis 20 J.

Laut Beschauzettel Nr. 67 Tod durch Ertrinken

Namenlosen [hiesigen durchgestrichen] 11. Juni 1913

-

6. Protokoll[8]

aufgenommen über die sanitätspolizeiliche Beschau einer männlichen Leiche bei Stromkilometer 11 der Donau auf Albener Gemeindegebiet.

Die daselbst geborgene Wasserleiche ergibt folgenden äußeren Befund: 180 cm große, kräftige männliche Leiche in vorgeschrittener Verwesung. Ungefähres Alter: 40 bis 45 Jahre.

Schädel messokephal, unbehaart, Stirne hoch, Augenbrauen fehlend, Wimpern spärlich, teilweise abgeschliffen. Augen: braun. Nase: mittelgroß, stumpf, zeigt an ihrer Wurzel einen hellergroßen Substanzverlust. Kein Schnurrbart. Zähne lang, regelmäßig angeordnet, haben gelbe Färbung. Rechter Eckzahn und 1. rechter Mahlzahn fehlen. Haut der unteren Gesichtshälfte ist abgescheuert. Hals: kurz, breit. Brustkorb: breit, tief, lang. Die übrigen Körperteile normal. Die Haut der Hände ist vollkommen losgelöst und hängt handschuhförmig an den Vorderarmen. Auch an den Füßen ist die Haut in ähnlicher Weise abgelöst. Keine Zeichen eines gewaltsamen

8 Auch dieses Protokoll weist auf das Grab Nr. 51 hin.

Todes.

Diagnose: Tod durch Ertrinken. Die Leiche dürfte zirka 4 Wochen im Wasser liegen.

Kleider und Wäsche: sind sämtlich ohne Marke, oder Monogramm. Hose braun, zu beiden Seiten mit Sitzflecken angeflickt, bis zum Knie reichend. Hosenträger ebenfalls angeflickt, mit 6 ledernen Einknöpfteilen. Außerdem Hosengürtel zirka 10 cm breit, von blauen verwaschenen Tuch mit Schnalle versehen. Am Körper trägt der Mann ein Zwielichhemd, eine blaue Unterhose, die weiß gestreift ist, bis zum Knie reichende, angeflickte Stiefel. Ein blauer, grün gestreifter Selbstbinder. Englisches Bruchband mit 2 Pelotten.

Effekten und Wertsachen sind keine vorhanden. Der Tote dürfte der dienenden Klasse angehört haben.

Albern, Friedhof der Namenlosen am 19. März 1913, Dr. Mayer. m/p, Grab Nr. 51[9]

vermutlich: **52-Mat. 1913-059** vom 19. 7.

19. Juli 1913 gefunden. [--//--] Albern Donau Stromkil. 11

Unbekannte männl. Leiche

40 bis 45 J.

Laut Beschauzettel Nr. 68 Tod durch Ertrinken

Namenlosen 19. Juli 1913

Dürfte 5 bis 6 Wochen im Wasser gelegen sein.

---

9 Hier würde nach den Protokollen eine Doppelbelegung vorliegen, siehe auch 5. Protokoll. Auch die Datierung ist zu beachten, sie passt nicht mit den laufenden Protokollnummern zusammen.

Beiliegendes Schreiben auf eine Anfrage einer Frau Paula Schasching:

„Abschrift der MA 43 Friedhöfe Gebührenstelle, Werdertorgasse 6, Mabt 43 – 4936/56 Wien, 3. November 1956, Friedhof Albern, Grabstelle der Therese Wohlfahrt

An Frau Paula Schasching, Linz Urfahr, Mittelgasse 10:

In Beantwortung Ihres an die Gemeinde Mannswörth gerichteten Schreibens betreffend Grabstelle der im Jahre 1926 verunglückten Schwester Therese Wohlfahrt teilt die MA 43 - Friedhöfe mit, daß in dem Grab Nr. 51 am 11. 6. 1913 die Leiche einer ertrunkenen Frau mit der Wäschemarke „A.W." beerdigt wurde.

Die Nachforschungen in dem Totenbuch des Friedhofes Albern (d. i. Friedhof der Namenlosen) in den Jahren 1926 bis 1938 waren ergebnislos.

Für den Abteilungsleiter: [Unterschrift unleserlich], Amtsrat"

Grab Nr. 52

[Ohne Datum:]	*Wasserleiche Wilhelm Töhn*
Grab:	*Hier ruht Wilhelm Töhn, ertrunken durch fremde Hand am 1. Juni 1904 im 11. Lebensjahr*

22-Mat. 1904-051 vom 8. 6.

8. Juni 1904 gefunden [--//--] Albern Donau

Toth Wilhelm, in Wien, ??? Reindorf geboren u. zust., Sohn des

Johann Toth Thürsteher bei d. Stadtbahn, III. Unt. Viaduktgasse 1.

9 Jahre geb. 22/5 1894

Laut Beschauzettel Nr. 59 Tod durch Ertrinken

Namenlosen 9. Juni 1904

Dürfte 8 Tage im Wasser gewesen sein. Beim Schi??? im Donaukanal verunglückt.

19040609 Wiener Zeitung Seite 23

„Lokales.

(Ertrunken.) Vor mehreren Tagen ist der zehnjährige Wilhelm Toth, Sohn eines Türstehers der Staatsbahn, unterhalb der Franzens-Brücke in den Donau-Kanal gefallen und ertrunken. Die Leiche wurde gestern bei Albern ans Land geschwemmt und geborgen."

Grab Nr. 53

[Ohne Datum:]	*unbekannte Wasserleiche*
Grab:	*[keine Beschriftung]*

Grab Nr. 54

[Ohne Datum:]	*unbekannte Wasserleiche*
Grab:	*[keine Beschriftung]*

Grab Nr. 55

[Ohne Datum:] *Wasserleiche Charlotte Glück*

Grabstein: *Hier ruht Frau Babette Glück aus Eperjes, geboren 1856, gestorben 7. Dezember 1904“*

26-Mat. 1904-122 vom 7. 12.

7. Dezember 1904 gefunden. [--//--] Albern Donau

Unbekannte weibliche Leiche

circa 40 J.

Laut Beschauzettel Nr. 136 Tod durch Ertrinken

Namenlosen 9. Dezember 1904

Dürfte 4 Tage im Wasser gelegen sein.

Grab Nr. 56

[Ohne Datum:] *unbekannte Wasserleiche*

Grab: *[keine Beschriftung]*

Grab Nr. 57

[Ohne Datum:] *unbekannte Wasserleiche*

Grab: *[keine Beschriftung]*

15. Protokoll

Protokoll über die sanitätspolizeiliche Beschau einer

unbekannten männlichen Wasserleiche, welche im Gemeindegebiet Albern am 2. August 1916 um 5 Uhr Früh zwischen Stromkilometer 10 und 11 aus der Donau geborgen wurde.

Äußerer Befund: Die Leiche von kräftigem Körperbau, gut genährt, ist 173 cm lang und ist die eines Menschen im beiläufigen Alter von 50 Jahren und dürfte 14 Tage im Wasser gelegen sein, die Leiche selbst in starker Verwesung, stark aufgetrieben, der Brustkorb und der Bauch in rötlich grüner Verfärbung, Hände und Füße in Waresation ?, der Kopf ist stark aufgedunsen, hat große Glatze von einem Kranz von braunen Haaren umsäumt, blonder Schnurrbart, schadhafte Zähne, im Oberkiefer größtenteils fehlend. Im Unterkiefer die Zähne besser erhalten. Die Augen sind grau.

Verletzungen an der Leiche sind keine ersichtlich, daher Gewaltakte ausgeschlossen erscheinen. Die Leiche muß in eine Art Sandbank geraten sein, da dieselbe an der Brust, Hals und Kopf stark übersandet war.

Bekleidung: Die Leiche war mit einem schmutzigen, weißem Hemd und schmutziger Hose bekleidet, Hose und Weste grau gestreift und rötlich kariert. Ferner war die Leiche mit einer schmutzigen, geflickten weißen Schürze bekleidet. Die Füße waren mit grauen Socken und groben Comisschuhen mit Riemen bekleidet. Die Hose war mit einem dunkelbraunen Hosenriemen zusammengehalten.

An der Leiche wurde an Gegenständen gar nichts vorgefunden. Keine Schriften oder dergleichen wurden vorgefunden, was zur Agnoszierung der Leiche hätte führen können.

Laut vorgenommener Beschau wurde die Leiche um 8 Uhr Früh morgens am 3. August 1916 am Friedhof der

Namenlosen Albern beerdigt.

Grab Nr. 57. S. Stadler ? Gemeindearzt in Mannswörth

Aufgefischt von: Josef Tegly ? Simmering Leberstrasse 62

59-Mat. 1916-050 vom 2. 8.

2. August 1916 gefunden [--//--] Albern Donau Kil. 10-11

Unbekannte männliche Leiche

circa 40 bis 60 J.

Laut Beschauzettel Nr. 63 Tod durch Ertrinken

Namenlosen 3. August 1916

-

Grab Nr. 58

[Ohne Datum:] *unbekannte Wasserleiche*

Grab: *Sepperl*

16. Protokoll

Protokoll über die sanitätspolizeiliche Beschau einer am 20. August 1916, 10 Uhr Vorm. in der Schneiderau in Albern aufgefundenen männlichen Leiche. Dieselbe wurde an einem Baum in knieender Stellung aufgefunden.

Äußerer Befund: Die männliche Leiche ist von kräftigen Körper und 171 cm lang in sehr stark vorgeschrittener Verwesung. Die Maden kriechen aus dem Mund und der Nase heraus. Der Hals war noch mit einer 5/4 M. langen Rebschnur umschnürt.

Der Kopf sehr aufgedunsen, das Gesicht blau rötlich. Schnurrbart kann nicht mehr wahrgenommen werden. Weißer Backenbart nicht ersichtlich, graumelierte spärliche Kopfhaare. Fast zahnloser Kiefer. Im Oberkiefer sind noch 3 Zähne, im Unterkiefer 1 wackelnder Zahn vorhanden. Augen dunkelbraun. An der Außenseite des rechten Vorderarmes wahrscheinlich schon länger bestandene, jetzt zur Heilung neigende Wunde ersichtlich. Gewaltakte oder Verletzungen sind an der Leiche nicht mehr wahrzunehmen. Im besagten Falle wird Selbstmord durch Erhängen anzunehmen sein. Die Leiche dürfte 12 - 14 Tage an den Bäumen gehangen sein. Alter 50 - 60 Jahre.

Bekleidung: Die Leiche war mit schwarzen Anzug mit 2 Hosen, eine aus blauen Barchent und einer weißen Hose, weißen Hemd und weißen Untergate bekleidet, mit einer grauen und einer schwarzen Weste unter dem Hemd, weißen Celuloidkragen und kleiner schwarzer Binde. Mascherl. In den Hosensäcken waren 4 Sacktücher ohne Marke, 1 Sacktuch war mit L. W. gemerkt. Zugstiefeletten mit neuen Dop... ? und Fußlappen.

Gefundene Gegenstände: Ein kleines Sackmesser, Okuliermesser, ..bürstl, zerbrochener Kamm, ein Zwicker mit Futteral. Kleine Bleistifte, Geldbörse mit 3 K 74 H, keine Dokumente, eine Zeitung vom 6. August 1916.

Grab Nr. 58

Auffinder der Leiche: Johann Urban, Wien XI, Sehlingergasse 8

60-Mat. 1916-056 vom 20. 8.

20. August 1916 gefunden [--//--] Albern Schneidergrund

Unbekannte männl. Leiche

50 bis 60 J.

Laut Beschauzettel Nr. 70 Selbstmord durch Erhängen

Namenlosen 21. August 1916

-

Grab Nr. 59

[Ohne Datum:]	*unbekannte Wasserleiche*
Grab:	*[keine Beschriftung]*

17. Protokoll

Protokollakt über die Beschau einer am 14. Dezember 1916 nachmittags bei Stromkilometer 10 aus der Donau geborgenen weiblichen Wasserleiche.

Äußerer Befund: Die Leiche ist 158 cm lang und von kräftigen massigen Körperbau, stark aufgedunsenes Gesicht welches blutig und mit Schlamm verschmiert ist. Die Verwesung ist bereits bedeutend vorgeschritten. Haare blond, dieselben lösten sich bereits vom Kopfe ab, die Augen scheinen braun gewesen zu sein, Zähne im Ober- und Unterkiefer weiß und gut erhalten. Brust und Bauch stark aufgetrieben. An der Brust und Bauch kommen durch die Fäulniserscheinungen durch ihre grünliche Verfärbung für die vorgeschrittene Verwesung in Beachtung.

Verletzungen nicht ersichtlich, daher Gewaltakte ausgeschlossen erscheinen. Die Leiche dürfte 6 - 8 Wochen im Wasser gelegen sein. Das Alter dürfte nach dem Befunde auf 20 - 23 Jahre schließen lassen.

Bekleidung der Leiche: Die Leiche war mit langem schwarzen Mantel mit Seitentaschen bekleidet, doch war derselbe schon defekt und zerrissen. Ferner mit dunkelbrauner etwas gestreifter Schoß, mit weißen Spitzen besetzten Leibchen, 1 .....? Hemd mit auf der Mitte der Brust mit schreiender roter Marke „M" und weißen Beinkleid. Sämtliche Wäschestücke waren durch das lange Liegen im Wasser zerrissen. An den Händen weiß gewirkte Handschuhe, feine schwarze Strümpfe und schwarzen Halbschuhen mit Lackkappen und hohen Stöckel. In den Haaren stecken zu beiden Seiten je ein brauner Kamm. Spangen und Haarnadeln.

An Geld, Schriften oder sonstigen Wertsachen wurde nichts vorgefunden.

Nach vorgenommener Beschau am 15. Dezember um 2 Uhr nachmittags wurde die Leiche beerdigt. Grab Nr. 59

Auffinder der Leiche: Josef Gautner, III., Erdbergermais 115

61-Mat. 1916-072 vom 14. 12.

14. Dezember 1916 gefunden. [--//--] Albern Donau Strom Kil. 10

Unbekannte weibl. Wasserleiche

20 bis 23 J.

Laut Beschauzettel Nr. 92 Tod durch Ertrinken

Namenlosen 15. Dezember 1916

-

Grab Nr. 60

[Ohne Datum:]	*Wasserleiche Adolf Kraft*
Grab:	*Adolf Kraftel, Drechslermeister, geboren am 15. Dezember 1861.* *gestorben am 1. Juli 1906, Friede seiner Asche*

31-Mat. 1906-56 vom 1. 7.

1. Juli 1906 [--//--] Albern Donau

Kraftel Adolf, verehelichter Drechslermeister, in Wien, IV. Viktorgasse 8 wohnhaft, geb. und zuständig in Wien, ?? hl. Schutzengel

44 J. Geb. 15/12 1861

Laut Beschauzettel Nr. 63 Tod durch Ertrinken

Namenlosen 4. Juli 1906

Cop. 30/1 1899. In der Donau, verunglückt

19060707 Welt-Neuigkeits-Blatt Seite 7

„Im alten Donaubett ertrunken. Nächst Albern ist am 4. d. M. der in Wien, Viktorgasse 8, wohnhaft gewesene Drechslermeister Adolf Kraftl beim baden im alten Donaubett vor den Augen seines am Ufer stehenden Bruders ertrunken und konnte erst nach zweistündigem Suchen als Leiche geborgen werden.“

Grab Nr. 61

[Ohne Datum:] *unbekannte Wasserleiche*

Grab: *Namenlos*

Grab Nr. 62

[Ohne Datum:] *Wasserleiche Franz Müller*

Steintafel: *Hier ruhet Franz Müller*

** 1874, + 1906*

Ruhe sanft

33-Mat. 1906-084 vom 2. 9.

2. September 1906 [--//--] Albern Donau

Müller Franz, verh. F??lenhauer, geb. zu Groß Radischen, S?. Eisgarn, Bz. Waidhofen a/d Thaya und dahin zuständig

32 J. Geb. 25. Sept. 1873

Laut Beschauzettel Nr. 93 Tod durch Ertrinken

Namenlosen 4. September 1906

Beim Fischen verunglückt ?op. 1. Mai 1904

Grab Nr. 63

[Ohne Datum:] *unbekannte Wasserleiche*

Grab: *[keine Beschriftung]*

Grab Nr. 64

[Ohne Datum:] *Rudolf Berer*

Grabstein: *Hier ruhet Rudolf Beier aus Benisch, Schlesien, welcher ... 1902 im 33. Lebensjahre verunglückte. Es ist mit Tränen Dir geweiht. Schlummere sanft in Ewigkeit. Gewidmet von Deinen Lieben.*[10]

08-Mat. 1902-034 vom 26. 4.

26. April 1902 gefunden [--//--] Albern Donau

Unbekannte männliche Leiche

circa 40 J.

Laut Beschauzettel Nr. 38 Tod durch Ertrinken

Namenlosen 26. April 1902

-

Grab Nr. 65

[Ohne Datum:] *unbekannte Wasserleiche*

Grab: *[keine Beschriftung]*

Grab Nr. 66

[Ohne Datum:] *unbekannte Wasserleiche*

---

10 Vermutlich Bennisch (mit einem Doppelungsstrich über dem n). Der Eintrag aus den Matriken gehört vermutlich zu Rudolf Berer.

Grabstein: *August Hammer, 1850 - 1907*

37-Mat. 1907-065 vom 2. 8.

2. August 1907 gefunden. [--//--] Albern in der Au

Unbekannte männliche Leiche

ca. 50. J.

Laut Beschauzettel Nr. 79 Tod durch Erhängen

Namenlosen 4. August 1907

Die Leiche ist gegen 48 Stunden alt. Ein Zettel zeigt: August Hammer, III. Schlachthausgasse 37, I. 20.

19070806 Neues Wiener Abendblatt Seite 5

„(Lebensmüde.) Am 2. d. wurde nächst Albern ein Mann erhängt aufgefunden. Am 4. d. hat das Sicherheitsbureau erhoben, daß der Selbstmörder mit dem seit 1. d. vermißten 57 jährigen Bierführer August Hammer, Landstraße, Schlachthausgasse Nr. 32 wohnhaft gewesen, identisch ist. Schmerz über den vor Kurzem erfolgten Tod seiner Gattin hat ihn in den Tod getrieben."

Grab Nr. 67

[Ohne Datum:] *Wasserleiche Josef Kowak (Nowak)*

Grab: *Kowak*

Grab Nr. 68

[Ohne Datum:] *Susi Mascher*

Gräberbuch Fuchs: *Wasserleiche*

Grab: *Hier ruht Aloisia Mascher,*

1877 - 1905

Grab Nr. 69

[Ohne Datum:] *unbekannte Wasserleiche*

Grab: *Unbekannt*

Grab Nr. 70

[Ohne Datum:] *unbekannte Wasserleiche*

Grab: *[keine Beschriftung]*

Grab Nr. 71

[Ohne Datum:] *Wasserleiche Hans Mattaschik*

Emailtafel: *Hier ruhet Hans Mattauch, geb. am 30. Mai 1889. gest. am 18. Sept. 1909. Hier lieg ich in kühler Erde, Woll´t noch nicht und mußte sterben, mußt aus eurer Mitte gehen, im Himmel gibt's ein Wiedersehen. Ein Opfer seines Berufes. Ruhe sanft!*

40-Mat. 1909-098 vom 27. 9.

27. September 1909 gefunden 18. September 1909 [--//--] Albern [durchgestrichen] Donau bei Hollenburg in die Donau gestürzt.

Unbekannte männl. Leiche[-/-]Mattauch Johann Gabriel, Matrose, geb. am 30. Mai 1889 zu Wien, X. Göthegasse 4.

circa 25 [durchgestrichen] J. 21 ½ Jahre

Laut Beschauzettel Nr. 110 Tod durch Ertrinken

Namenlosen 27. September 1909

Circa 3 Wochen im [durchgestrichen] Wasser, Die Eintragung wird gelöscht. Richtiggestellt auf Grund der Nota der k.k.n.ö. Statthalterei vom 24/12 1910 Z XVII-4072/2 ? Ordinariat 30/12 1910 Z 13594.

Grab Nr. 72

[Ohne Datum:]	*Wasserleiche Hans Konzil*
Grab:	*[keine Beschriftung]*

Grab Nr. 73

[Ohne Datum:]	*Wasserleiche Antonia Belok*
Grab:	*[keine Beschriftung]*

Grab Nr. 74

[Ohne Datum:]	*unbekannte Wasserleiche*
Grab:	*Unbekannt*

Grab Nr. 75

[Ohne Datum:]	*unbekannte Wasserleiche*
Grab:	*[keine Beschriftung]*

Grab Nr. 76

[Ohne Datum:]	*unbekannte Wasserleiche*
Grab:	*Namenlos*

Grab Nr. 77

[Ohne Datum:]	*unbekannte Wasserleiche*
Grab:	*[keine Beschriftung]*

Grab Nr. 78

[Ohne Datum:]	*unbekannte Wasserleiche*
Grab:	*[keine Beschriftung]*

Grab Nr. 79

[Ohne Datum:]	*unbekannte Wasserleiche*
Grab:	*[keine Beschriftung]*
	Engelsfigur und Busch am Grab

Grab Nr. 80

[Ohne Datum:] *unbekannte Wasserleiche*

Grab: *[keine Beschriftung]*

Grab Nr. 81

[Ohne Datum:] *unbekannte Wasserleiche*

Grab: *[keine Beschriftung]*

Grab Nr. 82

[Ohne Datum:] *unbekannte Wasserleiche*

Grab: *Unvergeßlich*

Grab Nr. 83

[Ohne Datum:] *unbekannte Wasserleiche*

Grab: *[keine Beschriftung]*

Grab Nr. 84

[Ohne Datum:] *unbekannte Wasserleiche*

Grab: *[keine Beschriftung]*

Grab Nr. 85[11]

[Ohne Datum:] *Wasserleiche Heinrich Slioak*

Grab: *[keine Beschriftung]*

12. Protokoll

Protokoll über die Beschau einer am 15. November 1914 aufgefischten männlichen Wasserleiche

Die Leiche war 1,70 m lang im ungefähren Alter von 30 - 35 Jahren. Sie dürfte 5 - 6 Wochen im Wasser gelegen sein. Der Kopf der Leiche ist bis zur Unkenntlichkeit aufgedunsen. Die Augen tief eingesunken. Vorderzähne oben und unten gut, Stockzähne mangeln, Haare dunkel blond, Schnurrbart licht blond. Brust, Rücken und Extremitäten in stark grüner Färbung in Folge der Verwesung. Gewaltakte sind an der Leiche nicht wahrzunehmen.

Effekten: silberne Bernst. Uhr samt Futeral

Kleider: dunkelgrüner Rock und Weste und dunkel gestreifter Hose. Fahl gelbes Hemd eine ebensolche Unterhose ohne Marke, grün gestreifte Socken und gut erhaltene Schnürschuhe, grüne Hosenträger und violetter Selbstbinder.

Agnosziert als Heinrich Bisak, Wien V, ?Buy Znetughetzg? Nr. 7.

56-Mat. 1914-081 vom 15. 11.

81.[-/-]Das k.k. Landesgericht in Z.R.S. in Wien hat mit ??? 19, November 1915 GZ T 19/15/12 ...... Heinrich Pivak mit Tod abgegangen ist und den 16. Oktober 1914 nicht überlebt hat.

---

11 Die Zuordnung von Protokoll und Matrikeneintragung ist wahrscheinlich.

15. November 1915 [--//--] Albern Donau gefunden.

Unbekannte männliche Leiche. Pivak Heinrich Vinzenz, Graveurgehilfe, Heimarbeiter, zuletzt in Wien, V. Zentaplatz 7, geboren am 3. Dezember 1877 in Wien V Pfarre St. Josef, ehel. Sohn des Karl Anton Pivak u. der Barbara Petronela Pacher

30 bis 40 J. [durchgestrichen] 36 Jahre

Laut Beschauzettel Nr. 101 Tod durch Ertrinken

Namenlosen 16. November 1914

Statth. Verfüg. Vom 20/1 1916 Z XIII 148 Die Eintragung gilt nur für den Staatlichen ??? Ord. ??? 24. 1. 1916 Z 647

Grab Nr. 86

[Ohne Datum:]	*unbekannte Wasserleiche*
Grab:	*[keine Beschriftung]*

Grab Nr. 87

[Ohne Datum:]	*unbekannte Wasserleiche*
Grab:	*[keine Beschriftung]*

Grab Nr. 88

[Ohne Datum:]	*unbekannte Wasserleiche*
Grab:	*[keine, eventuell Reste eines nun unleserlichen Textes]*

Grab Nr. 89

[Ohne Datum:]	*unbekannte Wasserleiche*
Grab:	*[keine Beschriftung]*

Grab Nr. 90

[Ohne Datum:]	*unbekannte Wasserleiche*
Grab:	*[keine Beschriftung]*

Gräber Nr. 91 - 107

(Bereich links des Gedenkkreuzes)

Grab Nr. 91

?. ?. 1933:	*Oskar Gettler, Tod durch Erschießen (Selbstmord)*[12]
Grab:	*Oskar Gettler 1933*

53. Protokoll *1933*

Gettler Oskar, erschossen am Friedhof der Namenlosen am Grabe seiner Mutter, am Friedhof der Namenlosen begraben Nr. 91

88-Mat. 1933-021 vom 26. 8.

26. August 1933 [--//--] Albern Friedhof der Namenlosen

Gettler Oskar, verh. Vorstand [vermutlich, schwer lesbar] des Bankhauses Mantu.. u. Co. Geb. u. Zust. In Wien, wohnhaft IV. Margaretenstr. 40

38 J. Geb. 15/6 1895

Laut Beschauzettel Nr. 21 Selbstmord durch Erschießen

Namenlosen 29. August 1933.

-

12 Erschossen am Grab der Mutter, wurde dort lt. Erzählung von Herrn Fuchs jun. von seinem Vater, Herrn Fuchs sen., gefunden.

19330828 Arbeiter-Zeitung, Seite 2

„Selbstmord im Friedhof der Namenlosen.

Samstag schoß sich im Friedhof der Namenlosen in Albern ein Mann aus einer Pistole eine Kugel in den Mund; er blieb auf der Stelle tot. Der Selbstmörder ist der 38 Jährige Bankprokurist Oskar Gettler aus Wien, Margaretenstraße 40. Er hat die Tat auf dem Grabe seiner Mutter ausgeführt, die vor einiger Zeit in der Donau den Tod gesucht und gefunden hat."

19330828 Der Morgen, Seite 6

„Selbstmord am Grabe der Mutter

Eine erschütternde Selbstmordtragödie hat sich auf dem sogenannten `Friedhof der Namenlosen` in Albern ereignet: Dort hat sich, wie gemeldet wird, der 38 jährige Beamte eines Bankhauses Otto [sic] Gettler am Grabe seiner Mutter erschossen, die vor fünf Jahren den Freitod in den Wellen der Donau gefunden hat. Oskar Gettler, dem von seiner Firma das Zeugnis großer Pflichttreue und absoluter Verläßlichkeit ausgestellt wird, hat, wie aus Abschiedsbriefen hervorgeht, den Entschluß, aus dem Leben zu scheiden, wegen tiefgehender Familiendifferenzen gefaßt.

Samstag gegen 17 Uhr kehrte er in einem Gasthaus, das sich nahe dem Selbstmörderfriedhof befindet, ein und schrieb dort die später am Unglücksort gefundenen Abschiedsbriefe.

Eine Frau, die durch den Friedhof ging, traf den Mann, der einen äußerst verstörten Eindruck machte. Er bat sie, ihm aus dem Gasthaus ein Viertel Wein zu bringen.

Die Frau hatte eben den Friedhof verlassen, als sie eine Schußdetonation hörte. Man fand Gettler über einen Grabstein hängend und heftig blutend auf.

Der Unglückliche hatte den Lauf eines Trommelrevolvers in den Mund gesteckt und den Schuß abgefeuert, der sofort den Tod herbeiführte.

Die Mutter des Selbstmörders, an deren Grab er seinem Leben ein Ende machte, ist – ebenfalls wegen Familienverhältnisse – vor fünf Jahren aus dem Leben geschieden.

Die Frau hatte nach kurzem Streit mit ihrem Gatten das Haus verlassen und wurde einige Tage nach ihrem verschwinden aus der Donau gefischt.

Gettler war in dem Bankhause in der Losratenabteilung beschäftigt, in der er zur absoluten Zufriedenheit arbeitete. Früher war er Prokurist einer Teppichfabrik.

Bevor er am Samstag seine Arbeitsstätte verließ, um seinen furchtbaren Entschluß auszuführen, rief er seine Gattin auf und teilte ihr mit, daß er später nach Hause komme, da er noch Briefmarken kaufen wolle. Da Gettler leidenschaftlicher Markensammler war, fand man an dieser Verspätung nichts besonderes.

Am Abend desselben Tages wurde die Familie dann nach Albern gerufen, wo sich auf dem Friedhof der Namenlosen erschütternde Szenen abspielten.

Gettler ist Vater eines neunjährigen Kindes, an dem er mit zärtlicher Liebe hing.

Das furchtbare Ende des im Umkreis seiner Wohnung in der Margaretenstraße beliebten Mannes hat großes Aufsehen hervorgerufen.“

19330901 Volkspost Seite 9

„Auf dem sogenannten ´Friedhof der Namenlosen´ in Albern hat sich der 38 jährige Bankbeamte Otto [sic] Gettler am Grabe seiner Mutter erschossen, die vor fünf Jahren den Freitod in den Wellen der Donau gefunden hat. Gettler hat, wie aus Abschiedsbriefen hervorgeht, den Entschluß, aus dem Leben zu scheiden, wegen tiefgehenden Familiendifferenzen gefaßt. Der Unglückliche hatte den Lauf eines Trommelrevolvers in den Mund gesteckt und den Schuß abgefeuert, der sofort den Tod herbeiführte.

Die Mutter des Selbstmörders, an deren Grab er seinem Leben ein Ende machte, ist – ebenfalls wegen Familienverhältnissen – wie gesagt, vor fünf Jahren aus dem Leben geschieden. [...]“

Grab Nr. 92

30. Januar 1935:	*Josef Douscha, erworben durch Maria Douscha, Wien III, Apostelgasse 20, am 31. 1. 1935 für 10 Jahre, entrichtete Gebühr S 20,--*
Gräberbuch Fuchs:	*Tod durch Erhängen*
Grab:	*Josef Douscha*

56. Protokoll *vom 27. Januar 1935*

Am 27. Januar 1935 wurde von einem Jäger die Anzeige erstattet, daß in den Donauauen in Albern 200 Meter unterhalb der Eisenbahnbrücke die Leiche eines erhängten Mannes gefunden wurde.

Personsbeschreibung: 185 cm groß, ca. 45 - 50 Jahre alt,

braunes Kopfhaar, braun gestutzter Schnurrbart, Unterkiefer zahnlos, Oberkiefer ganze Brücke, gut genährt. Am linken Fuß einen Blauverband.

Kleider und Wäsche: Einen alten, kurzen schwarzen Winterrock, eine braune geflickte Karoweste, braune Teufelshauthose, blaue Unterhose, blaugestreiftes Hemd, weißes Netzhemd, braune Socken, grau blauer Schal, grauer Hut, Komisschuhe, braun gestreifte Hosenträger

Wertsachen: schwarze Geldbörse, ein Schlüsselbund mit vier Schlüsseln, Krankenkassa Mitgliedskarte, in der Rocktasche eine graue Schneehaube

Agnosziert: agnosziert als Josef Douscha, 53 Jahre alt, Wien, III. Bezirk, Apostelgasse Nr. 20/13, durch Frau Maria D. und Sohn Alfred Douscha.

Beerdigt am 30. Januar 1935 um 2 Uhr nachmittags am Friedhof der Namenlosen, Grab Nr. 92.

J. Fuchs, Albern am 30. Januar 1935

89-Mat. 1935-003 vom 27. 1.

27. Jänner 1935 tot gefunden. [--//--] Albern

Douscha Josef, verh. Kutscher III. Apostelgasse 20, geb. in Flößberg, Bz. Krumau, CSR, zust. In Wien

53 J. Geb. 21. 3. 81

Laut Beschauzettel Nr. 3 Selbstmord durch Erhängen

Namenlosen 30. Jänner 1935

-

19350130 Kronen-Zeitung, Seite 5

„Der Erhängte in der Donauau.

Ein Selbstmord, dessen Vorgeschichte eine besondere Tragik birgt, wurde Sonntag früh in der Donauau bei Albern entdeckt. Der Lebensmüde konnte auf Grund einer Karte, die man in seiner Rocktasche fand, agnosziert werden. Es handelt sich um den 53 jährigen Kutscher Josef Douscha, der in der Apostelgasse gewohnt hatte.

Douscha und seine Gattin hätten am kommenden Sonntag ihre silberne Hochzeit feiern sollen, die Frau hatte schon den dunklen Sonntagsanzug des Kutschers aus dem Kasten geholt. Den fürs Fest bestimmte Anzug hatte die Witwe nach Albern gebracht, als Totengewand ihres Gatten.

Josef Douscha hatte oft erklärt, er würde seinen Angehörigen niemals zur Last fallen. Wenn er einmal nicht mehr imstande sein werde, für sich und die Seinen zu sorgen, dann wüßte er schon, was er zu tun habe. In der letzten Zeit hatte der Mann unter argen körperlichen Beschwerden zu leiden, die ihn veranlaßten, einen Arzt aufzusuchen.

Samstag machte er sich auf den Weg zu einem Arzt, er kam nicht mehr heim. Bei dem Arzt mußte Douscha seine Befürchtungen, daß er ernstlich krank sei, bestätigt finden. Douscha meinte, über kurz oder lang nicht mehr arbeitsfähig zu sein und da kam er zu einem raschen Entschluß.

Jahre hindurch hatte der Kutscher, dessen einzige Leidenschaft das Fischen war, oft und oft den Weg zur Donau zurückgelegt. Samstag ging er diesen Weg, von dem es diesmal kein Zurück mehr gab.

Er wollte sich mittels eines Stricks an einem Baumast erhängen, Der Strick riß. Nun nahm der Lebensmüde den

Hosenriemen, er wiederholte den Versuch – aber auch der Riemen riß ab. Douscha blieb hartnäckig – er knüpfte Strick und Riemen fest zusammen und als er die Schlinge zum dritten Mal um den Hals nahm, gelang der Selbstmord.

Sonntag früh wurde Douscha von einem Jäger gefunden. Seinem eigenen Wunsch entsprechend wird er auf dem Friedhof der Namenlosen in Albern beigesetzt. Die Beerdigung erfolgt heute nachmittags."

Grab Nr. 93

6. August 1935:	*Wasserleiche Josef Prisching, Zuckerbäcker, Fugging St. Pölten. Erworben durch Anton Prisching, Fugging bei Sankt Pölten, am 6. 8. 1935 für 10 Jahre, entrichtete Gebühr S 20,--*
Grab:	*[keine Beschriftung]*
	relativ junge Fichte wächst am Grab

58. Protokoll

aufgenommen vom Gemeinde Amte Albern in Gegenwart des Gem. Wachmannes Fuchs Josef - Gem. Rat Fuchs Viktor sowie Insp. Proidl, Wallisch Franz, Wilderitz Johann, ? über die am 5. August 1935 in Albern beim Gasthaus Moural angeschwemmte Männerleiche.

Die Leiche wurde durch den dabei gefundenen Reisepaß als der in Fugging NÖ wohnhaft gewesene Zuckerbäcker Prisching Johann, geb. 10. Dezember 1882 in Fugging, kath., led. nach Klein-Rust, Bezirk St. Pölten zuständig, erkannt.

Personenbeschreibung: 150 cm groß, Höcker, schwarze Haare, gestutzter Schnurrbart, braune Augen, im Oberkiefer Zahnprothese mit 6 künstlichen Zähnen

Kleider: schwarzer Anzug, braune Schuhe

Todesursache: Selbstmord durch Sprung in die Donau. Von einer Gewaltanwendung sind keine Spuren vorhanden.

Bergung: Durch den Fischer Negerl Johann.

Die Leiche wurde am 6. August d. J. am Friedhof der Namenlosen beerdigt. Grab Nr. 93. Albern, 10. August 1935

[Unterschriften:] Josef Fuchs, Wilderiz Johann, 10. August 1935

90-Mat. 1935-028 vom 30. 7.

30. Juli 1935 [--//--] Albern, bei Gasthaus Moural aus der Donau gezogen.

Prisching Johann, Zuckerbäcker und ?? hbezieher, wohnhaft zu Gugging Nr. 1, Pfarre Obritzberg, Bz. Herzogenburg, N.Ö., geb. zu Gugging, zust. Nach Klein Rust, Bz. St. Pölten, N.Ö., ledig

52 Jahre, geb. 10. 12. 1882

Laut Beschauzettel Nr. 28 Ertrinkungstod

Namenlosen 6. August 1935

-

Grab Nr. 94

14. Oktober 1936: *Johann Hauptfleisch, H. A., geb. 21. Januar 1878, Wien II, Hafnergasse 5, Tod durch Erhängen. Erworben durch*

Josefa Hauptfleisch, Wien II,
Hafnergasse 5 am 14. 10. 1936 für
10 Jahre, entrichtete Gebühr S 20,--

Grab: *Namenlos*

63. Protokoll

aufgenommen im Gemeindeamt Albern in Gegenwart des Gemeinde Wachmannes Josef Fuchs als Zeuge und weiters Gendarm Löffler Johann, Gem. Arzt Dr. Moritz

Gegenstand: unbekannte Männerleiche

Am 11. Oktober 1936 wurde vom Fischer Herr Karl Simeichel die Anzeige erstattet, daß in der Nähe des Friedhofes der Namenlosen in den Donau Auen, die Leiche eines Erhängten aufgefunden wurde.

Befund: ca. 180 cm groß, gut genährt, graumeliertes Haar, blaue Augen, blonder Schnurrbart, schlechte Zähne, ca. 60 Jahre alt

Bekleidung: graue lange Hose, blauer Rock, blaue Weste, grauen Winterrock, weiße Unterhose, rosa gestreiftes Hemd, braune Socken, schwarze ganze Schnürschuhe

Todesursache: Selbstmord durch Erhängen

Am 12. Oktober 1936 wurde die Leiche von Frau Josefa Hauptfleisch mit Sicherheit als ihr Mann Johann Hauptfleisch geb. 21. Januar 1878 in Bantenberg C. S. R., verheiratet, r. k. zuständig nach Wien, wohnhaft Wien II, Hafnergasse 5/II erkannt.

Am 14. Oktober 1936 wurde die Leiche am Friedhof der Namenlosen beerdigt, Grab Nr. 94. Albern am 11. Oktober

1936, Josef Fuchs

92-Mat. 1936-023 vom 11. 10.

11. Oktober 1936 11:15 [--//--] in der Nähe des Friedhofes der Namenlosen Albern

Hauptfleisch Johann Tischlergehilfe, geboren am 21. Jänner 1878 in Rantenberg C. S. R. Zust. In Wien, verheiratet seit 11/7 1920, wohnhaft Wien II. Hafnergasse 5/2

geb. 21./7. 1878 58 J

Laut Beschauzettel Nr. 23 Selbstmord durch Erhängen

der Namenlosen in Albern 14. Oktober 1936

Selbstmord durch Erhängen

Grab Nr. 95

16. Juni 1937:	*Theresia Rochel, Wirtschafterin, geb. 12. Oktober 1879, Wien X, Rotenhofgasse 26. Erworben durch Ludmilla Kaps, Wien X, Rotenhofgasse 26, am 16. Juni 1937 für 10 Jahre, entrichtete Gebühr S 20,--*
Grab:	*Theresia Rochel* *Wirtschafterin.* *1879 – 1937*

65. Protokoll

aufgenommen im Gem. Amt Albern in Gegenwart von Herrn Dr. Moritz und des Gem. Wachmannes J. Fuchs

Gegenstand: unbekannte weibliche Wasserleiche

Befund: 160 cm groß, gut genährt, ca. 45 Jahre alt, gute Zähne, zwei Goldzähne

Bekleidung: schwarzes Kleid mit weißen Tupfen, rosa Kombinesch, schwarze Halbschuhe

Wertsachen: silberne Ohrringe mit rotem Stein

Todesursache: Selbstmord wegen Arbeitslosigkeit

Agnosziert: Die Leiche wurde am 16. Juni 1937 von Frau Ludmilla Kaps, X. Bezirk, Rotenshofgasse Nr. 26 als Theresia Rochel geb. am 12. Oktober 1879 in Grillenberg, NÖ, zuständig nach Wien, led., r. k., Wirtschafterin, X. Bezirk, Rotenhofgasse 26, 3. Stiege, erkannt.

Am 16. Juni 1937 wurde die Leiche am Friedhof der Namenlosen begraben. Albern am 11. Oktober ?, Johann Fuchs

93-Mat. 1937-018 vom 12. 6.

Seit 12./6. 1937 abgängig [--//--] Donaukanal, bei Albern angeschwemmt

Rochel Theresia, r. k. Haushälterin, geb. am 12. X. 1879 in Grillenberg N.Ö. zust. In Wien, ledig, wohnhaft in Wien

12./10. 1879 57 J

Laut Beschauzettel Nr. 18 Ertrinkungstod

der Namenlosen in Albern am 16. Juni 1937

Selbstmord? In letzter Zeit wegen Stellungslosigkeit trübsinnig.

Grab Nr. 96

8. September 1937:	*Wasserleiche Johann Grabner, H. A., aus Petersdorf, geb. 29. Dezember 1904. Erworben durch Johanna Grabner, Petersdorf, Elisabethstraße 33, am 8. September 1937 für 10 Jahre, entrichtete Gebühr S 20,--*
Grab:	*Johann Grabner gest. 8. 9. 1937*

67. Protokoll *vom 6. September 1937*

Am 6. September 1937 wurde von dem Fischer Wilhelm Koprol, III. Bezirk, Sankt Nikolausplatz 5/8 in ? des Gasthaus Moural die Leiche eines Mannes geborgen.

Gegenstand: unbekannte männliche Wasserleiche

Befund: 165 cm groß, ca. 35 Jahre alt, gut genährt, schlechte Zähne, dunkles Haar, blonder Bart

Bekleidung: gestreifte Knikerpockerhose, blaue kurze Unterhose, weißes Hemd, gelbe Halbschuhe

Wertsachen: Taschenmesser, ein Kamm

Todesursache: Selbstmord wegen Streitigkeit

Agnosziert: Die Leiche wurde am 6. September 1937 von Herrn Johann Grabner Perchtoldsdorf als sein Sohn Johann Grabner, geb. 29. Dezember 1904 in Perchtoldsdorf und zuständig, r. k., led., Perchtoldsdorf, Elisabethstraße Nr. 33 erkannt.

Am 8. September 1937 wurde die Leiche am Friedhof der Namenlosen begraben. Grabnummer: 96, J. Fuchs

94-Mat. 1937-026 vom 30. 8.

30. August 1937 [--//--] Albern, beim Friedhof der Namenlosen am 6. September geborgen.

Grabner Johann, Sattler, geb. am 29. XII. 1904 in Perchtoldsdorf, Bez. Hietzing Umg., N. Ö., u. Daselbst zuständig, ledig, wohnhaft in Perchtoldsdorf.

29./12. 1904 32 J.

Laut Beschauzettel Nr. 26 Ertrinkungstod; Selbstmord; über Angabe in Trübsinn

der Namenlosen in Albern am 8. September 1937.

-

Grab Nr. 97

21. November 1937: *Gratisleiche Wilhelm Dietrich, Sattler, geb. 4. April 1895, Wien XI, Mühlsangergasse 8, gratis auf 10 Jahre*

Grab: *[keine Beschriftung]*

68. Protokoll *vom 18. November 1937*

Am 18. November 1937 wurde von Herrn Alicher aus Neu-Albern um 7 Uhr früh bei Neu-Albern die Leiche eines erhängten Mannes gefunden.

Gegenstand: Leiche eines Erhängten

Befund: 160 cm groß, mager, schwarzes Kopfhaar, braune Augen, schlechte Zähne

Kleidung: brauner Winterrock, schwarze Hose, brauner Rock, weiße Unterhose, gestreiftes Hemd, Halbschuhe

Wertsachen: Brieftasche und Geldbörse

Todesursache: Selbstmord wegen Arbeitslosigkeit

Agnosziert: Am 18. November 1937 wurde von Frau Tomek Rosa Kaiser-Ebersdorf die Leiche des Erhängten als ihr Lebensgefährte Ditrich Wilhelm geb. am 4. April 1895 in Neukirchen OÖ zuständig Schwechat, r. k., led., Kaiser-Ebersdorf Müllsangergasse Nr. 8 erkannt.

Am 21. November 1937 wurde die Leiche am Friedhof der Namenlosen begraben, J. Fuchs

Grabnummer: 97

95-Mat. 1937-035 vom 18. 11.

18. Novemb. 1937 früheren [--//--] Albern (Totenkammer Friedhof d. Namenlosen)

Dietrich Wilhelm Sattler u. Tapezierer, ledig geb. am 4. April 1895 in Neukirchen O. Ö. Zuständ. In Schwechat. Wohnhaft Kaiser-Ebersdorf Mühlsangergasse Nr. 8

4./4. 1895 42

Laut Beschauzettel Nr. 35 Selbstmord durch Erhängen

In Albern im Friedhof der Namenlosen am 21. November 1937

kirchl. Einsegnung mit Grund ?? Protokoll aufnehmen

Grab Nr. 98

17. Mai 1938:	*Eduard Duhsl geb. 19. März 1886, Friseurgehilfe, Tod durch Erhängen, erworben durch Theresia Duhsl, Wien XIV, Ölweingasse 8 am 17. Mai 1938 auf 10 Jahre, entrichtete Gebühr S 20,--*
Grab:	*Eduard Duschl* *Friseurgeselle* *1886 – 1938*

71. Protokoll *vom 14. Mai 1938*

Am 14. Mai 1938 wurde von drei Burschen und zwar Karl Hautz, Engelbert Kaprosch und Ampros Slapf aus Kaiser-Ebersdorf (Bundes Erziehungsanstalt) in den Donauauen die

Leiche eines erhängten Mannes gefunden

Gegenstand: Erhängte Männerleiche

Bekleidung: blaues Nachthemd, ein gestreiftes Hemd, weiße Unterhose, dunkler Anzug, gestreifter Überrock, steifer Hut, schwarze Schuhe

Befund: 170 cm groß, sehr mager, graumeliertes Haar, gestutzter Bart, oben Zahngebiß

Wertsachen: Geldbörse mit 30 Pfennigen, Augengläser und Zigarettendose

Agnosziert: am 14. Mai 1938 wurde von Frau Theresia Duhsl Wien 14. Bezirk Ölweingasse 8/5 die Leiche mit Sicherheit als ihr Mann Eduard Duhsl Wien Ölweingasse 8/5 geb. 14. März 1886 in Unter-Waltersdorf zuständig Wien, röm. k. verh. Kriegsinvalide Friseurgehilfe erkannt.

Am 17. Mai 1938 wurde die Leiche am Friedhof der Namenlosen begraben. Grabnummer 98, J. Fuchs

96-Mat. 1938-014 vom 14. 5.

14. Mai 1938 ? [--//--] Albern Donauauen

Dußl Eduard Friseurgehilfe, verheiratet. Geboren am 11./3. 1886 in Unter-Waltersdorf, zuständig in Wien, wohnhaft Wien XIV. Ölweingasse 8/5

11./3. 1886 52 J

Laut Beschauzettel Nr. 14 Selbstmord durch Erhängen, wahrscheinlich Sinnesverwirrt. Lungentuberkulose, (nach Angabe)

der Namenlosen Albern 17./5. 1938

-

19380517 Das Kleine Volksblatt, Seite 8

„Tragischer Tod eines Kriegsinvaliden.

Am Samstag, 14. d. Wurde in den Donauauen in Albern ein Mann erhängt aufgefunden. Es wurde festgestellt, daß es sich um den 54 jährigen Eduard Dusel aus Wien, 14. Bez., Oelweingasse 8, handelt, der am selben Tage Wien verlassen hatte, um nach Albern zu fahren. Ein unheilbares Lungenleiden, das er sich im Kriege geholt hatte, dürfte die Ursache zur Tat gewesen sein. Der Mann war hundertprozentiger Kriegsinvalide. Das Begräbnis findet heute Dienstag am Friedhof der Namenlosen in aller Stille statt."

Grab Nr. 99

23. Juli 1938:	*Wasserleiche Ignaz Baumgartner, Kellner, geb. 8. Januar 1913, Wien IV, Theresianumgasse 13, erworben durch Anton Fiedler, Wien I, Wipplingerstraße 8, am 23. Juli 1938 für 10 Jahre, entrichtete Gebühr S 20,--*
Grab:	*[keine Beschriftung]*

***74. Protokoll** vom 22. Juli 1938*

1 männliche Wasserleiche am 21. Juli 1938 bei Gasthaus Moural geborgen, agnosziert als Ignaz Baumgartner, geb. 8.

Januar 1913, Kellner, wohnhaft Wien IV, Theresianumgasse 13. Begraben am 23. Juli 1938 im Friedhof der Namenlosen, Nr. 99. 25. Juli 1938

97-Mat. 1938-022 vom 21. 7.

Seit 15. VII. Abgängig [--//--] Albern, angeschwemmt am 21. 7. 1938 beim Gasthaus Moural

Baumgartner Ignaz, Kellner, geb. am 8. I. 1913 in Gutenbrunn, Bez. Poysdorf u. dort zuständig, wohnhaft Wien IV., Theresianumgasse 13, ledig

8. I. 1913 25 J.

Laut Beschauzettel Nr. 7/1938 Ertrinkungstod – Selbstmord in Sinnesverwirrung

Am Friedhofe der Namenlosen in Albern am 23. 7. 1938

-

Grab Nr. 100

19. April 1939:	*(Buch Nr. 15927) Alexander Haunschmidt, Maurergehilfe, 48 Jahre, erworben durch Leopodine Haunschmidt, XIX., Döblinger Gürtel 10, am 24. April 39 Buch Nr. 15927 um RM 13,30 für 10 Jahre.*
Grab:	*Alex Haunschmidt*
	Maurergehilfe 1892 - 1939
	Unvergesslich

Grab Nr. 101

16. August 1939: *Karl Leeb, H. A., 32 Jahre, erworben durch die Firma Leonhard Moll, München, am 24. August 1939 auf 10 Jahre, Buch Nr. 29934, RM 13,30*

Grab: *Karl Leeb B.R.D. ertrunken beim Bau des Hafens 16. 8. 1939*[13]

Grab Nr. 102

4. September 1940: *Ladislaus Kampf, Bäckergeselle, 46 Jahre, erworben durch Maria Kampf, Wien IV, Schleifmühlgasse 1, am 3. September 1940 für 10 Jahre, Buch Nr. 32142, entrichtete Gebühr RM 13,30.*

Grab: *Ladislaus Kampf*

Bäckergeselle

1894 – 3. 9. 1940

[Grabstellen Nr. 103 bis 106]

[Im Plan ausgewiesen aber nicht belegt]

13 B. R. D. ist unklar, die Bundesrepublik kommt durch das Jahr 1939 nicht in Betracht.

Grab Nr. 107

29. März 1927: *Isidor Behtie, Gastwirt beim Friedhof der Namenlosen*

1 1/2 fache Größe, Grab wurde seinerzeit von der Gemeinde Albern für den verstorbenen kostenlos überlassen.[14]

Grabstein: *Hier ruht Herr Isidor Behtie Gastwirt beim Friedhof d. Namenlosen geb. 2. April 1871, gest. 29. März 1927 unvergesslich*

76-Mat. 1927-013 vom 24. 3.[15]

24. März 1927 [eventuell 29.] [--//--] III. Boerhavegasse 8.

Bethy Isidor, Gastwirt beim Namenlosenfriedhof, verh., geb. zu Burstendorf, NÖ., zust. In Mannswörth; wohnhaft in Mannswörth

55 J. 29/3 71

Laut Beschauzettel Nr. % [kein Beschauzettel angegeben] an Gehirnblutung

Namenlosen 4. April 1927

14 Dessen Gattin, jetzt verehelichte Moural, beanspruchte testamentarisch nach ihrem Ableben die Beilegung im selben Grabe. Frau Moural überlebte ihren Mann um viele Jahre, konnte aber die Beisetzung am „Friedhof der Namenlosen“ nicht mehr erreichen, da dieser schon stillgelegt worden war.

15 zweiter Eintrag unter Nummer 13

Ergänzungen zur Friedhofsbeschriftung

Am Friedhof sind 32 Gräber mit Namen, teilweise auch mit weiteren Personaldaten angeführt.

Die Gräberbücher geben 12 zusätzliche Namen frei, der Großteil von ihnen ist durch andere Quellen abgesichert, die Angaben haben in ihrer Gesamtheit nicht zuletzt dadurch hohe Glaubwürdigkeit. Diese Informationen sind, nachdem sie einzelnen Grabstellen zugeordnet werden konnten, bereits in der Gräberliste angeführt.

	Quelle	*Datum*	*Grab Nr.*
Jarostary Chudy	Gräberbuch	20. 5. 1904	50
Heinrich Slioak	Gräberbuch	Verm. 15. 11. 1914	85
Anton Eder	Gräberbuch	31. 5. 1924	17
Maria Weiß	Gräberbuch	22. 10. 1928	24
Josef Ladner	Gräberbuch	3. 12. 1929	35
Johann Prisching	Gräberbuch	6. 8. 1935	93
Johann Hauptfleisch	Gräberbuch	14. 10. 1936	94
Wilhelm Dietrich	Gräberbuch	21. 11. 1937	97
Ignaz Baumgartner	Gräberbuch	23. 7. 1938	99
Antonia Belok	Gräberbuch	?	73
Hans Konzil	Gräberbuch	?	72
Josef Soucek	Gräberbuch	?	42

Zusatzinformationen durch Protokolle/Matriken

Namentlich (bei den angeführten Personen wurde keine Überführung angemerkt bzw. trotz Wohnort Wien kein zugehöriges Begräbnis in Wien gefunden. Sie dürften daher in Albern beerdigt worden sein). Eine Zuordnung zu einzelnen Grabstellen ist praktisch nicht möglich, die Auflistung erfolgt mit aufsteigendem Datum:

Stoppar Franz

15-Mat. 1902-107 vom 2. 11.

2. November 1902. [--//--] Albern

Stoppar Franz, Privatier, VI. Barnabiteng 9 wohnhaft, ???, geboren und zuständig in St. Lorenzen, Bez. Marburg in Steiermark

67 J. Geb. 16/11 1834

Laut Beschauzettel Nr. 116 Tod durch Erhängen. Selbstmord

Namenlosen 3. Novemb. 1902

-

Wessely Josef

16-Mat. 1903-048 vom 13. 6.

13. Juni 1903 [--//--] Albern gefunden Donau

Unbekannte männliche Leiche

circa 25 J.

Laut Beschauzettel Nr. 55 Tod durch Erstickung im Wasser

Namenlose 13. Juni 1903

Nach eingehender und ??? dürfte die Leiche ident sein mit dem II. Erzherzog Karlplatz 14 wohnhaften Josef Wessely. Lag circa 4-7 Tage im Wasser

Ehrenhammer Franz Josef

17-Mat. 1903-050 vom 23. 6.

23. Juni 1903 [--//--] Albern Donau gefunden

Unbekannte männliche Leiche[-/-]die Eintragung „unbekannte männl. Leiche“ wird ???[-/-]Ehrenhammer Franz Josef, Zuckerbäckerlehrling, ? Bruck a/d L., ehel. Sohn des Ehrenhammer Josef u. d. Maria geb. Zehetmayer [--//--] Bekenntnis ? Röm. Kath.

Circa 20 J. Die Eintragung circa 20 J. Wird gelöscht. Eintragung ??? 18 J.

Laut Beschauzettel Nr. 57 Tod durch Ertrinken

Namenlosen 23. Juni 1903

Dürfte 7-10 Tage im Wasser gelegen sein. Agnosciert lt. Protokoll des Bürgermeisteramtes Gumpoldskirchen vom 16. September 1906 Z 1713. Richtiggestellt d. ???gund d. k.k.n.ö. Statthalterei vom 27. XII 1906 Z XVII-3717/2 ?? Ordinariat 16/1 1907 Z 13707

Spitzeder Konrad

23-Mat. 1904-054 vom 16. 6.

16. Juni 1904 gefunden [--//--] Albern Donau

Unbekannte männliche Leiche [durchgestrichen] Richtige Eintragung: Spitzeder Konrad, Taglöhner, verheiratet, in Wien, XI. Lorystrasse wohnhaft, ehel. Sohn des Michael Spitzeder und der Barbara geb. Höflinger [--//--] ? [gestrichen] röm. Kath.

Circa 65 Jahre geb. 15. Novemb. 1836

Laut Beschauzettel Nr. 62 Tod durch Ertrinken

Namenlosen 16. Juni 1904

Dürfte 2 Tage im Wasser gelegen sein. Diese Eintragung erfolgte über Verfügung der k.k.n.ö. Statthalterei vom 21. Jänner 1905 Z XVII-13 ? Ordinariat 3/II 1905 Z 915.

Langer Elisabeth

24-Mat. 1904-069 vom 31. 7.

31. Juli 1904 gefunden [--//--] Albern Donau

Unbekannte weibliche Leiche [durchgestrichen] Langer Elisabeth Marie, geb. Mader, Gattin des Johann Langer, geboren in Wien zust. Erdberg u. Daselbst wohnhaft. [--//--] ? Kath.

Circa 40 Jahre [durchgestrichen] 49 J. Geb. 9/12 1854

Laut Beschauzettel Nr. 77 Tod durch Ertrinken

Namenlosen 31. 7. 1904

Dürfte nur paar Stunden im Wasser ge?? sein. Totenschaubefund am 4/8 erhalten ?? in d. ?? Erdberg 14/II 1880. Richtiggestellt a. G. d. N. d. k.k.n.ö. Statth. 26/12 1904 Z XVII-4293, f.?. Ord. ?/1 905 Z 11645.

Schagerer Johann

27-Mat. 1905-068 vom 9. 9.

9. September 1905 gefunden [--//--] Albern Donau

Schagerer Johann, verh. getrennt lebender Bahnwächter der Aspangbahn, XI. Sedlitzkygasse 15, geb. und zuständig in

Pitten, Bz. Neunkirchen

35 J. Geb. 9/10 1869

Laut Beschauzettel Nr. 79 Tod durch Ertrinken

Namenlosen 9. September 1905

Cop. 25/10 1896. Dürfte 8 Tage im Wasser gewesen sein.

Pöll Johann

28-Mat. 1906-004 vom 14. 1.

14. Jänner 1906 [--//--] Albern

Pöll Johann[-/-][schwer lesbar, vermutlich:] verehelichter Fleischhändler und Greisler, geb. zu Loipersdorf, Com. Eisenburg, Ungarn und dahin zuständig.

42 J. Geb. 1864

Laut Beschauzettel Nr. 4 Selbstmord durch Erschießen

Namenlosen 15. 1. 1906

-

Iser Mathias[16]

29-Mat. 1906-035 vom 11. 5.

11. Mai 1906 [--//--] Albern Niklas Gasthaus

Iser Mathias, lediger Fischer, geboren und zuständig in Witzlersdorf, Bz. Unter-Gänserndorf.

65 J. Geb. ? 1841

16 Von Beruf Fischer, starb eines natürlichen Todes. Iser findet sich auch in anderen Artikeln bei der Auffindung von Leichen etc.

Laut Beschauzettel Nr. 40 Leberentartung

Namenlosen 13. Mai 1904

Angeblich im Spitale versehen

19071031 Deutsches Volksblatt, Seiten 1 und 2

„[...] Aber alle sind Opfer der Donau bis auf eine einzige Ausnahme, dessen Name von Anfang an bekannt war und der eines natürlichen Todes starb. Es ist dies die letzte Ruhestätte des alten Fischers Matthias Iser, eines Mannes, der weder Heimat noch Besitz hatte. Er verbrachte seine Tage bei seinem Handwerke, die Nächte bald in einem Boot, bald beim ´lustigen Fischer´ oder in irgendeinem Häuschen bei einem Kameraden. Und als er starb, trugen ihn die Fischer nach dem Friedhofe der Namenlosen, wohl in der dunklen Empfindung, daß den Heimatlosen mit dem Namenlosen ein enges Band verknüpfte. Ein hübsches Eisenkreuz mit goldener Inschrift schmückt seinen Totenhügel. ... A. M. Kolloden."

Wargos Anna

36-Mat. 1907-055 vom 25. 6.

55[-/-]Das k.k. Landesgericht ?? Z.R.S. in Wien hat mit rechtskräft? PP Beschlusse ?? 14. März 1911 T44/10/12 ??? erkannt, daß .... Adina Varga geb. Jansko mit Tod abgeg??? 22. Juni 1907 nicht überlebt hat.

25. Juni 1907 gefunden. [--//--] Albern Donau

Unbekannte weibliche Leiche [durchgestrichen] Varga Anna, geb. Jansko, ??? gattin, zuletzt XI. Hauptstr. 15, verheiratet, geb. in Gyetva, Kom. Zolyom, zust. Adony, Kom. Feker in Ung.,

Gattin des Varga Franz, Taglöhners?

Circa 50 J. 46 Jahre geb. 3/1 1861

Laut Beschauzettel Nr. 68 Tod durch Ertrinken

Namenlosen 25. Juni 1907

War z. 2 ½ Tage im Wasser. Richtigstellung lt. Nota k.k. Statth. 10./7 1911 XVII-2437/2 ?. ?. Ord. 13/7 1911 Z667X.

19070627 Arbeiter-Zeitung, Seite 6

„Angeschwemmte Frauenleiche. Am 22 d. Früh wurde in Albern vom Fischer Johann Freisel eine Frauenleiche aus der Donau gezogen und im Friedhof der Namenlosen beerdigt. Die Tote ist klein, 45 bis 60 Jahre alt, hatte volles Gesicht, spitze Nase, graumeliertes Haar, starken Körperbau und trug weißgrauen Shawl, graues Umhängtuch, blau-weißpunktierte Bluse, solchen Ueberrock, rotgestreiften Unterrock, schwarze Knöpfelschuhe und weißes ungemärktes Hemd. Am Ringfinger trug sie einen silbernen Ring. In der Börse, die unter dem Hemde verborgen war, befand sich ein Zettel, auf dem geschrieben stand: ´Ich grüße Sie, Gott in Dich, lieber Mann, Anna Wargos.´ Auf der anderen Seite stand: Louis Klein, Cafe Corso, II. Praterstraße Nr. 34.´ In diesem Cafe ist eine Frauensperson Namens Anna Wargos unbekannt.

Die Tote dürfte kaum drei Tage im Wasser gelegen sein. Ihr fehlten die oberen Schneidezähne.“

Hakala Jakob

38-Mat. 1908-108 vom 29. 12.

29. Dezember 1908 [--//--] Albern, Au.

Hakala Jakob [eventuell auch Hakola], ?? Bahnwächter zu Landshut i. Mähren,? Lundenburg, daselbst geboren und zuständig

50 J. Geb. 24/7 1858

Laut Beschauzettel Nr. 123 Tod durch Ertrinken

Namenlosen 31. Dezember 1908

Verunglückt.

Irschik Karl

39-Mat. 1909-083 vom 29. 8.

26. August 1909 gefunden [--//--] -

Unbekannte männl. Leiche[-/-]angeblich: Irschik Karl, geb. zu Heilbronn

25 J. 1884 ?

Laut Beschauzettel Nr. 94 Tod durch Ertrinken

Namenlosen 29. August 1909

-

Bakala Franz

45-Mat. 1911-051 vom 28. 6.

28. Juni 1911 [--//--] Albern, Donau gefunden.

Unbekannte männliche Leiche [durchgestrichen] Agnosziert als Bakala Franz, ?? k.k. S??, geb. in Holleschau, Mähren

[unleserlich, durchgestrichen]. 66 J. Geb. 28/9 1844

Laut Beschauzettel Nr. 59. Tod durch Ertrinken

Im Namenlosen Friedhofe am 28. Juni 1911

Richtigstellung auf Grund der Nota der k.k.n.ö. Statthalterei von 7/9 1911 Z XVII-3669/2 ? Ordinariat 9/9 1911 Z 8723.

Engelhardt Alois

46-Mat. 1912-024 vom 21. 3.

21. März 1912 gefunden [--//--] Albern Donau

Engelhardt Alois, ledig, Landwirtssohn, geb. zu ?iaer?dorf, Gem. Michelhausen, ? Tulln

24 J. Geb. 2?/10 1887

Laut Beschauzettel Nr. 26 Tod durch Ertrinken

Namenlosen 21. März 1912

-

Gogela Johann

2. Protokoll

Am 11. April 1913 wurde hierorts eine männliche Wasserleiche geborgen.

Dieselbe wurde als: Johann Gogela, Markthelfer in Wien XI, Simmeringer Hauptstraße, Hausnummer unbekannt, agnosciert.

48-Mat. 1913-031 vom 11. 4.

11. April 1913 [--//--] Albern Donau Stromkilometer X/XI

Gogela Johann, prof. Markthelfer, geb. S?z???. in Hansen [schwer leserlich], Kom. Pressburg in Ungarn

5 [43 oder 49 durchgestrichen] J. Geb. 6/7 1862

Laut Beschauzettel Nr. 38 Tod durch Ertrinken

Namenlosen 13. April 1913

Cop.? [schwer lesbar]

Pudschlögel Johann

3. Protokoll

Wasserleiche vom 19. April 1913.

168 cm lange, mittelkräftige männliche Person. 33 bis 36 Jahre alt, großer Kopf, Haare dunkelbraun, Augen graublau, Nase plattgedrückt, englisch gest. Schnurrbart; im Oberkiefer künstliche Zähne; am linken Unterschenkel eine vernarbte Wunde (wahrscheinlich durch Beinfraß).

In einer Schachtel befindliche Beinsplitter; grünes Hemd mit weißen Streifen, rosarotes Unterleibchen aus Jägerwolle; blaue feine Strümpfe mit weißen Querstreifen; weißes Plastron, weißer Gilet - Kragen; blaues Halsmascherl, weißer Kragenschoner, weißleinerne Unterhose.

Oberhose und Gilet aus braunem Kammgarn; lederner Leibriemen; hohe schwarzlederne Schnürschuhe mit Kappen.

Effekten: Messer, Spiegel, 1 Papier - Serviette weiß, Bahnhofsrestaurateur F. Reiff, Hernalser Hauptstraße 175.

Agnosciert als: Johann Pudschögel, Fleischergehilfe, 40 Jahre alt, Wien zuständig, kath., Wien XVI, Säufergasse 21 wohnhaft gewesen.

Begräbniskosten genau 30 K. von der Polizeidirektion Wien anher gesendet.

49-Mat. 1913-039 vom 19. 4.

19. April 1913 [--//--] Albern Donau Kilom. XI.

Unbekannte männliche Leiche [durchgestrichen] Agnosziert als: Pudschögl Johann, Fleischergehilfe, Wien, XVI, Santergasse 21, verheiratet, geb. in Riman, Böhmen, zust. In Wien

33 bis 36 J. [durchgestrichen] alt. 40 Jahre alt

Laut Beschauzettel Nr. 47 Tod durch Ertrinken

Namenlosen 19. April 1913

2 bis 3 Wochen im Wasser, Agn. Laut Zuschrift der k.k. Polizeidirektion Wien an das Bürgermeisteramt Albern v. 23. Juli 1913 S.B. 4592

Gürtler Johann

9. Protokoll[17]

Wasserleichenfund am Ufer der Donau, Stromkilometer 10.

Agnosziert als: Johann Gürtler, stationiert bei Fehlmeiner Altkuftenhof Nr. 15.

Auffinder der Wasserleiche: Johann Weinreder ? XI. Simmering, Lörystrasse ? Nr. 71. Jh. 40.

---

17 Protokoll undatiert, auf Grund der Datierungen der Protokolle 8 und 10 müsste das Protokoll zwischen Juli 1913 und Juni 1914 erstellt worden sein. Die Zuordnung der Matrike ist vermutlich.

vermutlich: **53-Mat. 1913-060** vom 4. 8.

4. August 1913 gefunden. [--//--] Albern Donau Strom Kil. 11

Unbekannte männl. Leiche

30 bis 35 J.

Laut Beschauzettel Nr. 69 Tod durch Ertrinken

Namenlosen 4. August 1913

-

Seidl Franz

13. Protokoll

Protokoll über die Leichenbeschau einer am 31. Jänner 1915 aufgefischten männlichen Wasserleiche

äußerer Befund: die ganz steife und gefrorene Leiche wurde im vorgeschrittenen Zustande der Verwesung aufgefunden. Die Leiche war von mehr grazilen Körper und 170 cm lang. Der Kopf stark aufgedunsen, weiße hohe Stirn, Gesicht und Kopf eigenartig gefleckt. Haar schwarz blond, kein Schnurrbart, Zähne gut, Augen nicht mehr zu erkennen, die Brust weist rötliche Verfärbung vorgeschrittener Verwesung auf und dürfte über 2 Monate im Wasser gelegen sein. Beiläufiges Alter 18 - 20 Jahre. Ein Gewaltakt scheint ausgeschlossen.

Kleider: Unterhose grau, blau rot gestreifte Socken, schwarze gute Knöpferlschuhe mit Kappen, gestreifte Hosenträger, dunkelgrüner Rock und Weste, graues Hemd;

Pretiosen: 1 kl. Schlüsselbund mit 3 größeren und 2 kl. Schlüsseln, 1 violettes Geldtäschchen mit mehreren

Abteilungen und 7 Heller Inhalt. 1 Nickeluhr auf ? 4 Uhr zeigend, ohne Glas mit kl. Kette; 1 Feuerzeug, 1 kl. Messer und Schraubenschlüssel, 1 kl. Buch mit böhm. Inschrift.

Agnosziert am 18. März 1915

Die am 31. Jänner 1915 hier aufgefischte männliche Wasserleiche wurde laut Zuschrift der k. k. Polizeidirektion Wien vom 15. März d. J. Zahl 4467 auf Grund des eingesendeten Bescheides als Franz Seidl, Zimmermalerlehrling, am 10. Februar 1898 zu Lernsing, Bezirk Reichenau a. d. Lungner in Böhmen geb. und dahin zuständig, kath. ledig, zuletzt hier in X. Bezirk Goethegasse Nr. 13 bei seinem Lehrmeister Michael Muteyker wohnhaft gewesen agnosziert.

Seidl ist seit 3. Dezember 1914 von hier abgängig und hat zweifellos aus unbekannten Gründen Selbstmord verübt. Der Vater des Selbstmörders gleichen Namens ist Schneidermeister und in Lernsing wohnhaft.

Das Pfarramt in Wien XI/2 Kaiser Ebersdorf wurde verständigt.

57-Mat. 1915-008 vom 31. 1.

31. Jänner 1915 gefunden. [--//--] Albern Donau

Unbekannte männliche Leiche, Agnosziert: Seidl Franz, Zimmermalerlehrling X. Göth?g. 13, zu Kvasing ??? in Böhmen geb. u. Zust.

Circa 18 bis 20 J. [durchgestrichen] 16 J. Geb. 10/2 1898

Laut Beschauzettel Nr. 10 Tod durch Ertrinken

Namenlosen 2. Februar 1915

Agnosziert lt. Zuschrift der k.k. Polizeidirektion Wien 15/3 1915 Z S.B. 4467

Bartl Johanna

***19. Protokoll**, aufgenommen am 6. August 1917*

Am 6. August 1917 wurde die Leiche einer älteren Frauensperson aufgefunden.

Der Neffe derselben, Erhard hat sie als seine Tante agnosziert.

Dieselbe ging Holz sammeln und wurde vom Schlage gerührt, worauf sie nach zirka 2 Stunden starb.

Die Leiche ist Johanna Bartl geb. Grünburger 62 Jahre alt, geb. in Schrems, zuständig wohnhaft Wien XI, Schmidgerhofgasse

Bachinger Barbara

***20. Protokoll** vom 17. Juli 1918*

Die sanitätspolizeiliche Beschau einer weiblichen Wasserleiche wahrscheinlich namens Bachinger Barbara, welche am 15. Juli 1918 nächst dem Niklas'schen Gasthause aus der Donau geborgen wurde.

Äußerer Befund: am Kopf stärkere Verwesung; - 160 cm lang - mittelkräftig, braune Haare, Zahnmangel am Oberkiefer, - ca. 26 Jahre alt, 8 - 10 Tage im Wasser gelegen. Keine äußeren Verletzungen.

Kleidung: Blaurot gestreifte Battistbluse, schwarze Oberschoß darunter Unterkleid mit schwarzer Schafwollbluse und braunen Unterrock. Darunter noch eine blau karierte Bluse und schwarzer Rock, darunter Trikothemd und Wintertrikothose. Hemdenmarke „S“ mit Wäschelitz eingezeichnet Juster P 86. - Zuletzt ein Leinenhemd - schadhafte gestopfte schwarze Strümpfe neue gute Gummizugstiefletten.

Am rechten Mittelfinger goldener Ehering neuester Qualität. Im Sack des Oberrockes Gebißprothese aus Hartgummi für den Oberkiefer, 2 Bruchschottersteine, ein Stück Tintenstift, außen Stiftheringerwickel ?? 2 Wiener Straßenbahnfahrkarten, auf dem einen stand: „da ich immer auf der Welt nichts großes gehabt habe, gehe ich in den Tod, Schachinger.“ und Arbeitslohnsäckchen aus Papier der Firma Karani Wien IX. Mit der Nummer 12 und dem Namen Schachinger Barbara auf 27 K lautend, ohne Inhalt.

Kleidung, Ehering und Aufzeichnungen durch Totengräber Schneider der Gemeinde Albern übermittelt.

Die Beerdigung für 18. Juli 1918, und ....? angeordnet.

Santulik Albine

28. Protokoll *vom 9. Juli 1923*

San. pol. Beschau: N. N. Weib (Wasserleiche), geborgen am 9. Juli 1923 ? 7 Uhr morgens, zwischen Stromkilometer 10 - 11 aus der Donau.

Äußerer Befund:160 cm lang, mittelmäßig starker Körperbau. Verwesung noch nicht eingetreten. 25 - 28 Jahre alt. Dürfte 1 -

2 Tag im Wasser gelegen sein. Kopfhaar dunkelbraun, Augen braun, Zähne: im Oberkiefer Zahnersatzstücke, ebenso im Unterkiefer. 2 Goldzähne. Bräunlich blaue Flecken am rechten Stirnhöcker und am rechten Oberarm, wahrscheinlich durch Aufschlagen an Steinen im Wasser entstanden. Am linken Vorderarm und an der linken Hand Schwellungen, welche letztere anhand der Beschau infolge wahrscheinlicher Erkrankung schon vorhanden war.

Verletzungen die auf Gewalttat schließen lassen, nicht wahrnehmbar.

Bekleidung: weißes Hemd mit Spitzenbesatz und Monogramm I. D. Großer Marke. Kleid verschieden farbig kariert. Schwarze Strümpfe, blaue Gummibänder, hohe schwarze Schnürschuhe (Vöggler) mit Kappen. Gegenstände, Schriften, Geld nicht vorhanden.

Todesursache: Ertinkungstod.

Nach vorgenommener Beschau wurde die Leiche am 10. Juli 1923, 5 Uhr nachmittags im Friedhof der Namenlosen beerdigt.

***69-Mat. 1923-027** vom 9. 7.*

9. Juli 1923 gefunden [--//--] Albern Donau Kilom. 11

Santulik Albine geb. Bazant, Chauffeursgattin, geb. u. zust in Wien

41 J. 23/9 1884

Laut Beschauzettel Nr. 28 Ertrinkungstod

Namenlosen 10. Juli 1923

-

Karas Anton

***33. Protokoll** vom 1. Juli 1925*

über den in Gegenwart des hiesigen Gemeindedieners Weinreder und des Gendarmeriebeamten Bachmayer aus Mannswörth heute nachmittags an der am 1. Juli a. c. 5 Uhr früh aus der Donau beim „Vorknopf" ?? geborgenen Leiche aufgenommenen

Totenbeschaubefund:

Leiche eines etwa 25 - 30jährigen Mannes, 1,68 m. Haare dunkelbraun, engl. gestutzter ebensolcher Schnurrbart, braune Augen, gutes Gebiß bis auf: im Unterkiefer beiderseits fehlende erste Backenzähne (abgebrochen). Am Halse links oder vielmehr Mundhöhlenboden eine intra vitam zugefügte Stichwunde von 1 cm Länge, der eine Wundrand scharf linear. Linker Unterarm - Bewegeseite trägt eine Tätowierung: „ein Herz mit den Buchstaben K. A., ober der Zeichnung ein Kreuz, unter der Zeichnung eine Katze."

Nach dem Zustand der Leiche dürfte sie 2 - 3 Wochen im Wasser gelegen sein. Außer obigem keine äußeren Zeichen von Gewaltanwendung.

Bekleidung: Graugrüner Sporthut, dessen Krempe auf der Unterseite einen grünen Lederbesatz trägt, auf der Kuppe des Hutes ein grüner Knopf. Grauer, gesprenkelter Überrock mit 3 großen Beinknöpfen. Dunkelblauer, weiß gestreifter kompl. Modeanzug, graue Gummihosenträger, weißgraues, gestreiftes Hemd mit Stehumlegkragen, eine Touristenkrawatte rot und grün gestreift, keine Unterhose, lichtgelbe Socken, schwarze Schnürschuhe.

Effecten: 1 schwarzlederne Brieftasche, enthalten eine weibliche Photografie, zwei Ansichtskarten: adressiert an:

„Anton Karas Wien XVI. Friederich Kaiserstr. 69 bei Familie Cerny“ und „Wien XVI. Wurlitzergasse, Ecke Ottakringerstraße bei Karl Soukal“, eine Firmakarte „Wr. Modeschneiderei Anton Karas Semmering Nr. 64“, 1 Zimmer = 1 Kofferschlüssel, 1 Taschenspiegel, 1 Taschenkamm, ein 1 dm langes Etui für ein Dolchmesser.

Obwohl der Befund dafür spricht, daß die Wunde am Hals von der eigenen Hand des Mannes herrühre, wurde die Anzeige, bzw. Anfrage wegen gerichtlicher Obduktion an das Bezirksgericht Schwechat (am 2. Juli) geleitet.

Dr. Jung

71-Mat. 1925-013 vom 1. 7.

1. Juli 1925 aufgefunden [--//--] Albern Donaustrom beim Vorkopf

Karas Anton, lediger Modeschneider, geb. u. Zust. In Wien; XVI Friedrich Kaisergasse 69 bei Familie Cerny [eventuell Corny] wohnhaft.

25 J. 17/2 900

Laut Beschauzettel Nr. 14 Tod durch Ertrinken

Namenlosen 4. Juli 1925

-

Am unsichersten ist das weitere Geschehen bei Johanna Bartl, die weder Selbstmord beging noch länger bis zur Auffindung gelegen sein dürfte. Nachdem aber nur ein Neffe die Identifizierung vornahm, dürften nähere Verwandte nicht greifbar gewesen sein, eine Beerdigung in Albern daher mit geringeren Kosten und

Aufwand verbunden.

Prinzipiell sind die Protokolle bzw. Matriken sicher eine starke Quelle, sie wurden praktisch laufend geführt und stützen in diesem Sinne die beiden anderen Quellen, Gräberbücher und Zeitungen deutlich ab.

Zusatzinformationen durch die Zeitungen

Gaßner Georg[18]

19071026 und **19071027** Znaimer Wochenblatt, Znaimer Tagblatt, Seiten 1 und 2

„Die Anfangsnummer der Gräber am neuen Friedhofe beginnt mit Nr. 148, ein sicheres Zeichen, daß auf dem alten Friedhofe 147 verunglückte beerdigt sind, gleich neben der Nr. 148 wird aber mit Nr. 1 eingesetzt und läuft mit 29 ab. [...] Auf dem Täfelchen des Grabes Nr. 1 fand ich mit Bleistift verzeichnet: ´Georg Gaßner, Kaiserjäger´, ohne jede weitere Bemerkung mehr."

Hils Leo[19]

19121102 Neues Wiener Tagblatt, Seite 14

Diverse Inschriften an den Gräbern werden aufgelistet:

„Am Grabe eines neunjährigen Knaben steht:

Unser Liebling ist geschieden,

18 Kaiserjäger, diese Information findet sich mehrmals in den Zeitungen. Die Nr. 1 würde sich demnach auf das heutige Grab 15 bzw. 16 beziehen, es gibt auch dazu widersprüchliche Erzählungen.

19 Er verunglückte am 8. 8., Die Zuordnung der Matrike ist wahrscheinlich und die einzig mögliche.

Weinend wir am Grabe steh´n.

Ruhe sanft! In Gottes Frieden,

Bis wir einst uns wiederseh´n.

Leo Hils

ist am 8. August mit seinem Vater in der Donau ertrunken

im vierten Lebensjahr."

14-Mat. 1902-081 vom 24. 8.

24. August 1902. [--//--] Albern Donau

Unbekannte Leiche eines Knaben

circa 5 Jahre

Laut Beschauzettel Nr. 88 Tod durch Ertrinken

Namenlosen 24. August 1902

Dürfte 10 Tage im Wasser gelegen sein.

Tiraller Josef[20]

19071101 Neues Wiener Tagblatt, Seite 9

„Kleine Rasenhügel, hie und da ein paar welke Blumen, ein Immortellenkranz; auf kleinen Holztäfelchen, mit Bleistift geschrieben, einige Worte, vom Regen verwaschen: ´Ein Bursch von 20 bis 22 Jahren, 14. April 1906.´ - ´Ein Kaiserjäger.´ - Dann: ´Ein Mädchen´ [...] Ordentlich reich

20 Schneidergeselle vom Alsergrund. Beerdigt zwischen Friedhofseröffnung und 1. 11. 1907.

kommen einem die wenigen vor, die hier erkannt wurden und auf kleinen Gußeisernen Tafeln ihren Namen tragen. Ein Schneidergeselle vom Alsergrund ist auch da: Josef Tiraller."

Zu dem „Bursch von 20 bis 22 Jahren" würde - eventuell - annähernd passen:

32-Mat. 1906-073 vom 14. 8.

14. August 1906 gefunden [--//--] Albern Donau

Unbekannte männl. Leiche

? circa 20 J.

Laut Beschauzettel Nr. 82 Tod durch Ertrinken

Namenlosen 14. August 1906

Dürfte 2 bis 3 Tage im Wasser gelegen sein.

Zu Josef Tiraller konnte durch fehlen jeglicher Altersangabe und weiterer Angaben keine Zuordnung gefunden werden.

Zusammenfassung

Der Friedhof umfasst 103 am Plan mit Grabnummern ausgewiesene, belegte Grabstellen. Davon findet man 32 Namen auf den Grabbeschriftungen des Friedhofes. Weiters kommen zusätzliche Namen aus den Gräberbüchern und aus den Protokollen und Matriken, auch die Zeitungen liefern zusätzliche Namen. Eine vollständige Auflistung ist in den Tabellen nach diesem Kapitel ersichtlich. Es sind somit bis zu 67 Namen mit verschiedenen, zugehörigen Daten verfügbar, viele mit Grabstellen und Einzelheiten zu ihrem Schicksal.

Das sind jedenfalls deutlich mehr als die Hälfte der Gräber bzw. der Bestatteten. Allerdings ist eine exakte Zuordnung zu einzelnen Grabstellen in vielen Fällen nicht möglich, da keine klaren Informationen über die genaue Anordnung der Gräber - besonders vor dem Holzdiebstahl im Winter 1919/20 - gefunden werden konnte. Auch wurde keine eindeutige Systematik der Grabstellenbelegung an Hand von Friedhofsplan und den diversen Listen erkennbar; die Belegung konnte durchaus auch von einer kontinuierlichen Nutzung einer klaren Reihenfolge nach, die von einem Punkt ausgeht, abweichen. Als relativ stabiles Element sehe ich die Grabsteine, die vermutlich nicht versetzt wurden. Durch sie ist aber eine durchgängige Systematik in Form einer kontinuierlichen Belegung auch in Frage gestellt.

Letztendlich bleiben diverse Fragen in der Interpretation der gefundenen Informationen seriös und wahrscheinlich, aber nicht vollkommen sicher bzw. in Teilbereichen offen.

Viele Fakten über Bestattungen wurden gefunden und zusammengefasst, sie blieben aber namenlos. Bei diesen auch weiterhin Namenlosen ist in den meisten Fällen eine Beerdigung vermerkt. Man kann sogar eher davon auszugehen, dass auch die anderen Leichen in Albern beerdigt wurden. Die Gesamtanzahl der Bestatteten würde damit mit der Anzahl in den Gräberbüchern nahezu übereinstimmen.

Bei 103 Grabstellen dürfte es somit 109 Bestattungen geben, die nicht weiter zuordenbaren Namen aus den Gräberbüchern und Grabbeschriftung dürften unter den aus Protokollen und Matriken namenlos bleibenden Bestatteten zu finden sein. Das würde allerdings bedeuten, dass es entweder Grabstellen am Friedhof gibt, die nicht im Plan erfasst sind, oder es gab tatsächlich Doppel- bzw. Mehfachbelegungen. Die sind, wie erwähnt, aus praktischen Gründen fraglich. Ausnahmen dieser Fragwürdigkeit könnten Fälle darstellen, wo z. B. „Mutter mit Kind" zu Tode kamen. In solchen Fällen wäre, wenn beide Leichname gefunden wurden, eine Doppelbelegung in gewissem Sinne nachvollziehbar bzw. naheliegend, in den Quellen ist – abgesehen von einer Erwähnung in einer Zeitung – kein derartiger Fall erkennbar. Oder es wurden sehr früh belegte Gräber (in der Reihe mit Nr. 1 bis 16 sind Mehrfachbelegungen angeführt) später nochmals belegt. Da Jahrzehnte zwischen den Bestattungen liegen könnten, wäre es jedenfalls möglich. Als weitere Möglichkeit blieben noch nicht erfasste Überführungen auf andere Friedhöfe.

Eventuell bleibt ein gewisses Maß an Unsicherheit bei einigen der Namen bzw. Personenbeschreibungen, aber man kann mit ausreichender Glaubwürdigkeit davon ausgehen, dass diese Personen tatsächlich am Friedhof begraben wurden. Die genaue Belegung der Gräber bleibt aber zumindest für die frühe Zeit des Friedhofes bis ca. 1920 unsicher.

Alle beschriebenen Annahmen sind auch eine Interpretation und sollen als Anregung für weitere Beschäftigung mit dem Friedhof dienen.

Zahlen und Fakten im Überblick

Anzahl	Matrike	Protokoll	Grab Nr.	Datum	Alter	weiblich	männlich	Andere Todesart, Quelle	Name
1	1	--	16	18. 5. 1900			x	Mord	Josef Pramel
2	2	--	15	20. 5. 1900			x		event. Georg Gaßner
3	3	--	14	10. 6. 1900	ca. 20	x		Suizid	Maria Beran
4	4	--	13	16. 6. 1900	ca. 40-45		x		
5	5	--		5. 5. 1901	25		x		Josef Pöpperl
6	6	--		13. 6. 1901	ca. 35		x		
7	7	--		3. 7. 1901	ca. 45		x		
8	8	--		26. 4. 1902	ca. 40		x	Unglück	Rudolf Berer
9	9	--		31. 5. 1902	ca. 60		x	Suizid	
10	10	--		1. 6. 1902	ca. 20		x		
11	11	--		11. 6. 1902	ca. 20		x		
12	12	--		3. 7. 1902	ca. 11-13		x		
13	13	--	44	23. 8. 1902	20		x		Johann Kochinger
14	14	--		24. 8. 1902	ca. 5		x		Leo Hils
15	15	--		2. 11. 1902	67		x	Suizid	Franz Stoppar
16	16	--		13. 6. 1903	ca. 25		x		Josef Wessely
17	17	--		23. 6. 1903	18		x		Franz Josef Ehrenhammer
18	18	--		30. 6. 1903	ca. 20	x			
19	19	--		29. 3. 1904	ca. 30		x		Edmund Pollak
20	20	--	50	20. 5. 1904	ca. 25		x		Jaroslav Cudy/Chudy/Ludy
21	21	--		26. 5. 1904	ca. 22		x		
22	22	--		8. 6. 1904	10		x	Unglück	Wilhelm Toth/Töhn
23	23	--		16. 6. 1904	67		x		Konrad Spitzeder
24	24	--		31. 7. 1904	49	x			Elisabeth Marie Langer
25	25	--		22. 9. 1904	neugeb.	x			
26	26	--	55	7. 12. 1904	ca. 40	x			Charlotte/Babette Glück
27	27	--		9. 9. 1905	35		x		Johann Schagerer
28	28	--		14. 1. 1906	42		x	Suizid	Pöll Johann
29	29	--		11. 5. 1906	65		x	natürlich	Mathias Iser
30	30	--		21. 6. 1906	ca. 30		x		
31	31	--	60	1. 7. 1906	44		x	Unglück	Adolf Kraftel
32	32	--		14. 8. 1906	ca. 20		x		
33	33	--		2. 9. 1906	32		x	Unglück	Franz Müller
34	34	--		8. 3. 1907	50-60		x		
35	35	--		15. 4. 1907	30-40		x		
36	36	--		25. 6. 1907	46	x		Suizid	Anna/Adina Varga/Wargos
37	37	--	66	2. 8. 1907	ca. 50		x	Suizid	August Hammer
38	38	--		29. 12. 1908	50		x	Unglück	Jakob Hakala/Hakola
39	39	--		26. 8. 1909	25		x		Karl Irschik
40	40	--	71	27. 9. 1909	20		x	Unglück	Johann Gabriel Mattauch
41	41	--	72?	15. 6. 1910	12-14		x		event. Hans Konzil?
42	42	--		28. 6. 1910	Im 6-7 M.	x		Foetus	
43	43	--		25. 7. 1910	ca. 16	x			
44	44	--		1. 8. 1910	19-21		x		

Anzahl	Matrike	Protokoll	Grab Nr.	Datum	Alter	weiblich	männlich	Andere Todesart, Quelle	Name
45	45	--		28. 6. 1911	66		x		Franz Bakala
46	46	--		21. 3. 1912	24		x		Alois Engelhardt
47	47	1		12.08.1912	20-25	x			event. Antonia Belok?
48	48	2		11.04.1913	60		x		Johann Gogela
49	49	3		19.04.1913	40		x		Johann Pudschlögel
50	50	4		10.05.1913	ca. 20		x		
51	51	5	51	11.06.1913	18-20	x			
52	52	6	51	19.07.1913	40-45		x		
--	--	7	überf.	28. 7. 1913			x	Erhängen	
53	53	8		05.08.1913	30-35		x		Johann Gürtler
54	--	9		16.09.1913			x		
55	54	10		24.07.1914		x			
56	55	11		12.08.1914	35-40		x		Heinrich Pivak/Bisak/Slioak
57	56	12		15.11.1914	36		x		Franz Seidl
58	57	13		31.01.1915	16				
59	--	14		18.08.1915					
60	58	--		19. 1. 1916			x		
61	59	15	57	02.08.1916					
62	60	16	58	20.08.1916	50-60		x	Erhängen	
63	61	17	5?	14.12.1916	20-23	x			
64	62	18		09.06.1917	18-20	x			Johanna Bartl
65	--	19		06.08.1917					Barbara Bachinger
66	--	20		17.07.1918					August Hammer
67	63	--		21. 5. 1919	neugeb.				
68	64	21		23.01.1920	40-44	x			
69	65	22		01.04.1921	25-30	x			
70	66	--		20. 6. 1921	totgeb.		x		
71	67	23		05.07.1922	20-22		x		
--	--	24	überf.	10. 7. 1922	21		x		Richard Kopfstein
72	68	25		15.02.1923	17-18	x			
73	--	26		01.04.1923					
74	--	27		15.04.1923			x		Julius Behnken
75	69	28		09.07.1923	41	x			Albine Santulik
76	--	29		21.05.1924					
77	70	30	17	31.05.1924	25		x		Anton Eder
--	--	31	überf.	31.03.1925					Franz Huderik
--	--	32	überf.	15. 6. 1925	9		x		Josef Kaiser
78	71	33		01.07.1925	25		x		Anton Karas
79	72	34		09.04.1926	ca. 54	x			
80	73	35		17.06.1926	25-30		x		
81	74	36		22.08.1926	ca. 30-35	x			
82	75	37		24.11.1926	neugeb.		x		

Anzahl	Matrike	Protokoll	Grab Nr.	Datum	Alter	weiblich	männlich	Andere Todesart, Quelle	Name
83	76	--	107	24. 3. 1927	55		x		Isidor Bethy
84	--	38		12.07.1927					
85	77	39	23	16.08.1928	63	x			Cäcilia Gettler
86	--	40		22.10.1928					Maria Weiß
87	78	41	25	02.06.1929	57-72				Elisabeth Führer
88	79	42	33	10.08.1929	42		x		Franz Trojan
89	80	43	34	21. 9. 1929	40		x	Erhängen	Josef Maywald
90	81	--	35	3. 12. 1929	26		x		Josef Ladner
91	82	44		12.01.1930	ca. 50		x		
92	83	45	41	10.03.1930	32		x		Stefan Mollnar
--	--	46	überf.	16. 3. 1930	21		x		Ferdinand Arnhof
93	84	47	37	07.07.1930	18	x			Rosa Majewski
94	85	48	40	30.08.1930	36		x		Rudolf Gutmann
95	86	49	67	24.09.1930	70	x			Josefa Nowak
--	--	50	überf.	7. 6. 1931			x	erstochen	Lambert Heizer
--	--	51	überf.	1932		x		Schlaganfall	Karoline Theil
96	87	52	38	07.06.1932	35		x		Johann Novosel
97	88	53	91	29. 8. 1933	38		x		Oskar Gettler
--	--	54	überf.	21. 7. 1934	8		x		Mathias Habietenek
--	--	55	überf.	24. 10. 1934					Christian Jahn
98	89	56	92	27.01.1935	53		x	Erhängen	Josef Douscha
--	--	57	überf.	20. 5. 1935	33	x		verunglückt	Hermine Grill
99	90	58	93	05.08.1935	52		x		Johann Prisching
--	--	59	überf.	10. 8. 1935	66		x	Suizid	Josef Müller
100	91	60	1	14.08.1935	ca. 50		x		
--	--	61	überf.	31. 3. 1936	50	x		Suizid	Käthe Brüggl
--	--	62	überf.	11. 7. 1936	32		x	verunglückt	Felix Moser
101	92	63	94	11.10.1936	58		x	Erhängen	Johann Hauptfleisch
--	--	64	überf.	28. 10. 1936	31		x	verunglückt	Anton Rudolf
102	93	65	95	16.06.1937	57	x			Theresia Rochel
--	--	66	überf.	14. 7. 1937	48		x	Suizid	Franz Dinhobel
103	94	67	96	06.09.1937	32		x		Johann Grabner
104	95	68	97	18.11.1937	42		x		Wilhelm Dietrich
--	--	69	überf.	20. 3. 1938	18		x	Suizid	Karl Mader
--	--	70	überf.	5. 5. 1938	44		x	erschießen	Robert Zeidler
105	96	71	98	14.05.1938	52		x		Eduard Duhsl
--	--	72	überf.	26. 6. 1938	54		x		Adolf Irlbek
--	--	73	überf.	6. 7. 1938	46		x		Franz Lukaschek
106	97	74	99	22.07.1938	25		x		Ignaz Baumgartner
--	--	75	überf.	14. 1. 1939	51	x			Anna Lawretzky
107	--	--	100	19. 4. 1939	48		x		Alexander Haunschmidt
108	--	--	101	16. 8. 1939	32		x		Karl Leeb
109	--	--	102	3. 9. 1940	46		x		Ladislaus Kampf
--	--	--	73	? 12. 8. 1912	?	x		Gräberbuch	Antonia Belok
--	--	--	72	? 5. 6. 1910	?		x	Gräberbuch	Hans Konzil
--	--	--	42	?	?		x	Gräberbuch	Josef Soucek
--	--	--	--	vor Nov. 1907	?		x	Zeitung	Josef Tiraller

Die Gesamtanzahl der Grabstellen wird in verschiedenen Zeitungsartikeln angegeben, die Angaben stimmen annähernd mit der aus den Matriken resultierenden Gräberanzahl überein. Das ist vor allem bis zur Verfügbarkeit der „Protokolle“ 1912 eine willkommene Bestätigung.

Auch einige Angaben über namenlos Bestattete wurden in Zeitungen gefunden:

Datum		***Alter***	***Zeitung***
10. 3. 1905	weiblich	16-18 J.	19071102
14. 4. 1906	männlich	20-22 J.	19071102
?. 12. 1906	Mutter mit Kind		19121102
10. 5. 1907	männlich	50 J.	19121102
?	männlich	30-40 J.	19121102

Es konnten keine eindeutig passenden Eintragungen in den Matriken zugeordnet werden.

Nachtrag

In der ersten Auflage vermutete ich noch wegen einiger Zeitungsartikel eine Grabstelle von Ferdinand Hromatka am „Friedhof der Namenlosen“.

Das Grab des Direktors Hromatka im Friedhof der Namenlosen.

Bild aus: **19100122** Illustrierte Kronenzeitung, Seite 8

„(Ein treuer Diener seines Herrn.) Ferdinand Hromatka, der gewesene Direktor der Kredit- und Spargesellschaft ´Merkur´,

hat, wie erinnerlich, einen Selbstmord verübt. Seine Leiche wurde aus der Donau gefischt und auf dem ´Friedhof der Namenlosen´ bei Albern begraben. Nur eine Nummerntafel bezeichnete seine letzte Ruhestätte. Sein ehemaliger Privatdiener und Skontist des ´Merkur´, Ferdinand Hummel, ein gelernter Tischler, hat nun aus Dankbarkeit gegen seinen früheren Herrn ein Kreuz gezimmert, das er auf dem bis nun namenlosen Grab aufstellte. Heute, am Tage der Aufstellung, schmückt ein Kranz des treuen Dieners das Grabkreuz seines Herrn."

Diese Vermutung hat sich aber nicht bestätigt: Ferdinand Hromatka wurde in einem Armengrab am Friedhof in Aspern beerdigt.

Wesentliche Quellen:

Archiv der Stadt Wien:

Totenverzeichnisse, XI H 1

Todtenbuch über den Friedhof der Namenlosen XI H 2

Alberner Gäberprotokolle 1927 bis 1940

Sterbematriken der Pfarre Kaiserebersdorf:

Tom. VIII. Sterbe-Buch der Pfarre Kaiser Ebersdorf Wien XI./2. Vom Jahre 1899 bis 1907

Sterbe Buch Tom. IX 1908-1917

X Totenbuch 1918-35

Tom. XI Totenbuch 1936-1958

Weitere Informationen:

http://friedhof-der-namenlosen.at/

https://www.wien.gv.at/kultur/religion/friedhof-der-namenlosen.html

http://www.vienna.at/friedhof-der-namenlosen-wo-die-donau-ihre-toten-freigibt/3192589